Sammlung 〈Ausführliche Praktische Deutsche Grammatik〉 7
Herausgeber : Nagatoshi Hamasaki, Jun Otomasa, Itsuhiko Noiri
Verlag : Daigakusyorin

Wortschatz und Wortbildung

語彙・造語

野入　逸彦　著
太城　桂子

浜崎長寿・乙政　潤・野入逸彦編集〈ドイツ語文法シリーズ〉7

東京　大学書林　発行

「ドイツ語文法シリーズ」刊行のことば

　ドイツ語の参考書も時代とともにいつしか種類が大いに変わって，初心者向きのものが多彩になるとともに，中級者や上級者のためのものは種類が減ってしまった．かつては書店のドイツ語参考書の棚でよく見かけた著名な中・上級向けの参考書はほとんど姿を消してしまっている．
　ドイツ語の入門者の要求がさまざまであることに対応して，さまざまに工夫された参考書が刊行されていることは，ドイツ語教育の立場からして大いに歓迎されるべきことである．しかし，入門の段階を終えた学習者がその次に手にするべき参考書の種類が乏しいことは，たんに中・上級へ進んだ人々が困るという問題であるばかりでなく，中・上級の学習者層が育たない原因にもなりかねず，その意味ではドイツ語教育の立場から憂わしい状態であると言うことができよう．
　私たちは，ドイツ語文法の入門課程を終えた人々が中・上級者としての知識を身につける基礎を提供することによって今日のわが国におけるドイツ語教育に寄与したいと考えた．そして，『ドイツ語文法研究概論』と題するハンドブックを第1巻として，他は品詞を単位に，あるいは「格」や「副文」のような文法項目を単位に，またあるいは「語彙」，「造語」，「発音」，「綴字」，「表現」，「文体」など中級者が語学力のうちに数えるべき分野を単位に，すべてを10巻にまとめ，「ドイツ語文法シリーズ」のタイトルのもとに刊行することにした．
　また，第II期分として，第I期に盛ることができなかった品詞や文法項目や分野を網羅してさらに引き続いての10巻にまとめる計画も立てている．
　初級の文法知識をマスターして実地にそれらの知識を適用しながらさらに勉強を続けている人は，勉強して行くうちにさまざまな問題に出会って，自分の持っている知識をさらに深めたいと思っているはずである．あるいは特定の品詞や項目や分野について体系的な知識を得たいと望んでいると思われる．あるいはまた，自分が教えている現代ドイツ語の語形がどのようにして成立したのかという歴史的な由来も中級的な知識の一端として知りたいと考えられることもあろう．そのような希望に応えて，中・上級学習者の実地に役立つ知識を提供することが私たちの第一の願いである．そして，その際に

刊行のことば

　記述がみだりに固くて難解にならないよう配慮し、いわば嚙んで含めるように述べ、かつまた、きちんと行き届いた説明をすることが、私たちが心がけた第一の点である。

　各巻には巻末に参考文献を挙げ、索引を付けた。読者はこれらの文献を利用すれば、問題の品詞や項目や分野についてさらに広範で深い知識を得ることができる。読者はまた索引によって、日頃出会う疑問に対する解答を容易に見つけることができるであろう。そして索引はそればかりではなく、問題の品詞や項目や分野についてどのような研究テーマがあるのかを知るためにも役立てることができるであろう。

　私たちの「文法シリーズ」は、こうして、なによりも中・上級ドイツ語の学習者に実地に役立つことを目指してはいるけれども、同時にそれは現在すでに教壇に立たれ、ドイツ語を教えておられる方々にも必ずやお役に立つと信じる。授業を進められるうちに、自分の知識を再度くわしく見直したり、体系的に整理されたりする必要はしばしば生まれると考えられるからである。各巻の詳しい説明はその際にきっと役に立つであろう。また、各巻に添えられた文献表や索引もさらに勉強を深められるうえでお役に立つと信じる。

　私たちのこのような意図と願いは、ドイツ語学の若手研究者として日々篤実な実績を積まれている方々の協力によって、ここに第Ⅰ期10巻として実り、逐次刊行されることとなった。各執筆者の協力を多とするとともに、このような地味なシリーズの刊行を敢えて引き受けて下さった大学書林の御好意に対して深く謝意を表明するものである。

1999年　夏

浜崎長寿
乙政　潤
野入逸彦

はしがき

　この巻ではドイツ語の語彙と造語を取り扱った．語彙は野入逸彦が，造語は太城桂子が担当した．
　前半の「語彙」の部では，ドイツ語が系統的にみるとインド・ヨーロッパ語に属するゲルマン語派の一つであり，やがてラテン文化の大きな影響のもとに発展してきたという大きな骨組みのもとにドイツ語の語彙が成立した事情を歴史的に概観した後に，語彙と語の意味に関する様々な問題の解説を試みた．俗にドイツ語と英語は兄弟だといわれる関係についても，現代ドイツ語の理解を深めるための知識を提供したつもりである．
　後半の「造語」の部においては，基礎篇で「造語と造語論」の略述を行い，造語の様々な手続きを解説したのちに，品詞別に「名詞の造語」，「形容詞の造語」，「動詞の造語」，「副詞の造語」という順にそれらの詳細を記述した．造語の手続きだけでなく，具体的な造語例もできるだけ多く示すよう心がけた．読者のドイツ語能力の育成にも役立つことと信じている．
　語彙・造語という多岐にわたる問題を取り扱うためには多くの辞書や参考書の恩恵をうけている．参考文献表に掲げたものはそのうちの主要なものである．

2002年　春
著　者

　おことわり
　ドイツ語の綴りについて，「造語」の部においては新正書法によっているが，「語彙」の部においては旧正書法に従っている．必要な箇所にはそのつど，新正書法についての注記を加えたが，それだけに読みにくい結果となったことを，おことわりしておきたい．

目　　次

7.1.　語彙　……………………………………………………………1

7.1.1.　「語彙」とは何か ……………………………………………1
7.1.2.　ドイツ語語彙の歴史的概観 …………………………………5
- 7.1.2.1.　語の歴史的な分類 ………………………………………5
- 7.1.2.2.　インド・ヨーロッパ語 …………………………………6
- 7.1.2.3.　ゲルマン語 ………………………………………………12
- 7.1.2.4.　ゲルマン人とローマ人の接触 …………………………18
- 7.1.2.5.　高地ドイツ語 ……………………………………………21
- 7.1.2.6.　古高ドイツ語・中高ドイツ語の概略 …………………25
- 7.1.2.7.　ドイツ語と英語 …………………………………………31
- 7.1.2.8.　語の借用について ………………………………………36
- 7.1.2.9.　語の意味の変遷について ………………………………38

7.1.3.　語の意味 …………………………………………………………41
- 7.1.3.1.　語の意味のいろいろ ……………………………………41
- 7.1.3.2.　多義 ………………………………………………………42
- 7.1.3.3.　同音異義語 ………………………………………………45
- 7.1.3.4.　成分分析について ………………………………………49

7.1.4.　語彙の構造 ………………………………………………………52
- 7.1.4.1.　語のつながり ……………………………………………52
- 7.1.4.2.　単語家族 …………………………………………………53
- 7.1.4.3.　語場 ………………………………………………………55
- 7.1.4.4.　同義語・類義語 …………………………………………58
- 7.1.4.5.　反義語 ……………………………………………………61
- 7.1.4.6.　語の文体相 ………………………………………………62

7.1.5.　ドイツ語の方言について ………………………………………63
7.1.6.　いろいろな辞書 …………………………………………………66
- 7.1.6.1.　二種類の辞書 ……………………………………………66
- 7.1.6.2.　辞書記載の手順 …………………………………………67

目　次

7.1.6.3.　記載の内容 …………………………………………………68
7.1.6.4.　意味による配列 …………………………………………68
7.1.7.　語の意味の研究略史 …………………………………………70

参考文献 ……………………………………………………………………75
事項の索引 …………………………………………………………………76
人名の索引 …………………………………………………………………81

7.2.　造語 …………………………………………………………………82

7.2.1.　基礎篇 ……………………………………………………………82
7.2.1.1.　造語と造語論 …………………………………………………82
7.2.1.2.　造語論の基礎的な術語 ………………………………………83
7.2.1.2.1.　複合 …………………………………………………………83
7.2.1.2.2.　派生 …………………………………………………………85
7.2.1.2.3.　共成 …………………………………………………………87
7.2.1.2.4.　合接 …………………………………………………………88
7.2.1.2.5.　品詞転換 ……………………………………………………89
7.2.1.2.6.　統語的転換 …………………………………………………90
7.2.1.2.7.　語縮約 ………………………………………………………91
7.2.1.2.8.　語交差 ………………………………………………………92
7.2.1.2.9.　新語，新造語および即席造語と語彙化 ………………92
7.2.1.2.10.　語彙化と意味の特殊化/非有契化 ……………………93
7.2.2.　名詞の造語 ………………………………………………………94
7.2.2.1.　複合名詞 ………………………………………………………94
7.2.2.1.1.　［名詞＋名詞］の複合名詞 ……………………………95
　　　（1）　限定複合語(95)　　　（2）　比喩複合語(96)
　　　（3）　程度形容複合語(97)　（4）　明確化複合語(98)
　　　（5）　並列複合語(99)
7.2.2.1.2.　［形容詞＋名詞］の複合名詞 …………………………100
　　　（1）　限定複合語(100)　　（2）　所有複合語(101)
　　　（3）　程度形容複合語(102)

目　次

7.2.2.1.3.　［動詞＋名詞］の複合名詞 ……………………………………102
7.2.2.1.4.　その他の品詞との複合名詞 …………………………………103
　　　　　　（１）　代名詞＋名詞(103)　　（２）　数詞＋名詞(103)
　　　　　　（３）　不変化詞＋名詞(104)
7.2.2.1.5.　人名および地名との複合名詞 ………………………………105
　　　　　　（１）　固有名詞＋普通名詞(106)
　　　　　　（２）　動詞語幹あるいは不定詞＋人名(106)
7.2.2.1.6.　接合要素について ……………………………………………106
　　　　　　（１）　第一構成素が名詞の場合（接合要素：-e-, -n-/-en-, -ens-,
　　　　　　　　　 -er-, -s-/-es-, 接合要素なし）(107)
　　　　　　（２）　第一構成素が動詞の場合（語幹のみで接合要素なし，
　　　　　　　　　 語幹＋ -e-，語幹の -n- が脱落）(108)
7.2.2.1.7.　合接を伴う複合名詞 …………………………………………109
7.2.2.2.　　派生名詞 ………………………………………………………109
7.2.2.2.1.　接尾辞による派生名詞 ………………………………………109
　　　　　　（１）　-ung(110)　　　　　（２）　-nis(111)
　　　　　　（３）　-e(113)　　　　　　（４）　-heit/-keit/-igkeit(114)
　　　　　　（５）　-schaft(116)　　　　（６）　-tum(117)
　　　　　　（７）　-sal(118)　　　　　 （８）　-sel(118)
　　　　　　（９）　-el(119)　　　　　　(10)　-er(119)
　　　　　　(11)　-ler(121)　　　　　　(12)　-ner(121)
　　　　　　(13)　-ling(122)　　　　　 (14)　-ei/-elei/-erei(123)
　　　　　　(15)　縮小辞 -chen, -lein および -el(124)
　　　　　　(16)　性転化接尾辞(125)　　(17)　外来の接尾辞(126)
　　　　　　(18)　擬似接尾辞(127)
7.2.2.2.2.　接頭辞による派生名詞 ………………………………………128
　　　　　　（１）　erz-(128)　　　　　（２）　ge-(128)
　　　　　　（３）　miss-(128)　　　　 （４）　un-(128)
　　　　　　（５）　ur-(129)　　　　　 （６）　外来の接頭辞(129)
7.2.2.2.3.　暗示的派生名詞 ………………………………………………130
　　　　　　（１）　幹母音造語(130)　　（２）　逆成による名詞の造語(131)
7.2.2.3.　　品詞転換名詞 …………………………………………………131

— vi —

目　　次

　　　　　　　① 動詞語幹からの転換名詞　　② 形容詞からの転換名詞
7.2.3.　形容詞の造語 …………………………………………………132
7.2.3.1.　複合形容詞 …………………………………………………132
7.2.3.1.1.　［名詞＋形容詞］の複合形容詞 ……………………………133
　　　　（１）　限定複合語(133)　　（２）　形容詞の系列造語(134)
　　　　（３）　程度形容複合語(135)　（４）　比喩複合語(136)
7.2.3.1.2.　［形容詞＋形容詞］の複合形容詞 ………………………136
　　　　（１）　限定複合語(136)　　（２）　並列複合語(137)
　　　　（３）　程度形容複合語(137)
7.2.3.1.3.　［動詞＋形容詞］の複合形容詞 …………………………138
　　　　①　動詞語幹＋系列造語の構成素　　②　不定詞＋-s-＋-wert
7.2.3.2.　派生形容詞 …………………………………………………139
7.2.3.2.1.　接尾辞による派生形容詞 …………………………………139
　　　　（１）　-bar(139)　　　（２）　-lich(139)
　　　　（３）　-sam(141)　　　（４）　-ig(141)
　　　　（５）　-isch(142)　　　（６）　-haft(143)
　　　　（７）　-en, -n, -ern(144)　（８）　外来の接尾辞(144)
7.2.3.2.2.　接頭辞による派生形容詞 …………………………………145
　　　　（１）　erz-(145)　　　（２）　ge-(145)
　　　　（３）　miss-(146)　　　（４）　un-(146)
　　　　（５）　ur-(146)　　　（６）　外来の否定接頭辞(146)
　　　　（７）　その他の外来の接頭辞(147)
7.2.3.3.　共成による形容詞の造語 ……………………………………147
　　　　（１）　名詞句を基にした共成　（２）　動詞句を基にした共成
7.2.3.4.　品詞転換および統語的転換による形容詞の造語 ……………148
　　　　（１）　品詞転換による形容詞の造語(148)
　　　　（２）　統語的転換による形容詞の造語(149)
　　　　（３）　擬似過去分詞形の形容詞の造語(149)
7.2.4.　動詞の造語 ……………………………………………………149
7.2.4.1.　複合動詞 ……………………………………………………149
7.2.4.1.1.　［動詞＋動詞］の複合動詞 ………………………………149
7.2.4.1.2.　［名詞＋動詞］の複合動詞 ………………………………150

目　　次

7.2.4.1.3.　［形容詞＋動詞］の複合動詞 …………………………151
7.2.4.1.4.　［不変化詞＋動詞］の複合動詞 ………………………152
7.2.4.1.4.1.　［前置詞/副詞＋動詞］の複合動詞 …………………152
　　　　　① 自動詞を他動詞にする　　② 動作相を変える
　　　　　③ 動作の起こる方向を表す　④ 動作の起こる時間を表す
7.2.4.1.4.2.　［副詞＋動詞］の複合動詞 ……………………………153
　　　　　（1）　da-：存在/現存　（2）　hin-：話者から遠ざかる方向；
　　　　　her-：話者に近づく方向　（3）　empor-：上への方向
　　　　　（4）　entgegen-：相対する方向，対立的あるいは好意的な対応
　　　　　（5）　entlang-：沿う方向　（6）　nieder-：下への方向
　　　　　（7）　fort-：退去，除去，空間的および時間的継続
　　　　　（8）　weg-：離脱，除去　（9）　zurück-：元への方向
　　　　　(10)　los-：開始，解放　（11）　mit-：提携
　　　　　(12)　zusammen-：合一，収集
7.2.4.1.4.3.　［合接副詞/複合副詞＋動詞］の複合動詞 …………155
7.2.4.2.　派生動詞 ……………………………………………………156
7.2.4.2.1.　名詞からの明示的派生動詞 ……………………………156
7.2.4.2.1.1.　［接頭辞＋名詞＋(-en/-n)］ …………………………156
　　　　　① be-　② ent-　③ ver-　④ zer-　⑤ er-
7.2.4.2.1.2.　［名詞＋接尾辞-el(-n), -ig(-en), -(is/ifiz)ier(-en)］ ……157
　　　　　① -el(-n)　② -ig(-en)　③ -ier(-en)
　　　　　④ -sier(-en)　⑤ -ifizier(-en)
7.2.4.2.1.3.　［接頭辞＋名詞＋接尾辞 -ig(-en)/(-en/-n)］ …………157
　　　　　① be-　② er-　③ ver-　④ ent-
7.2.4.2.2.　形容詞からの明示的派生動詞 …………………………158
7.2.4.2.2.1.　［接頭辞 be-, er-, ver-＋形容詞＋(-en/-n)］ …………158
7.2.4.2.2.2.　［形容詞＋接尾辞 -ier(-en), -el(-n), -ig(-en)］ ………158
7.2.4.2.3.　動詞からの派生動詞 ……………………………………159
7.2.4.2.3.1.　暗示的派生－幹母音造語 ……………………………159
7.2.4.2.3.2.　接尾辞による派生動詞 ………………………………159
　　　　　（1）　-el(-n)　　（2）　-er(-n)
7.2.4.2.3.3.　接頭辞による派生動詞 ………………………………160

目　次

　　　　　　　（１）　be-(160)　　　　　（２）　ent-/emp-(161)
　　　　　　　（３）　er-(162)　　　　　（４）　ge-(163)
　　　　　　　（５）　miss-(163)　　　　（６）　ver-(163)
　　　　　　　（７）　zer-(164)　　　　　（８）　外来の接頭辞(165)
7.2.4.2.3.4.　いわゆる分離・非分離の前綴 ……………………………………165
　　　　　　　（１）　durch-(165)　　　　（２）　um-(166)
　　　　　　　（３）　über-(167)　　　　 （４）　unter-(168)
　　　　　　　（５）　wider-(169)　　　　（６）　wieder-(169)
7.2.4.3.　品詞転換による動詞の造語 ……………………………………………170
7.2.4.3.1.　［名詞＋(-en/-n)］ ……………………………………………………170
7.2.4.3.2.　［形容詞＋(-en/-n)］ …………………………………………………172
7.2.4.4.　合接による動詞の造語 …………………………………………………172
　　　　　　　（１）　名詞が第一構成素　（２）　形容詞が第一構成素
7.2.4.5.　逆成による動詞の造語 …………………………………………………173
7.2.5.　副詞の造語 …………………………………………………………………174
7.2.5.1.　合接による副詞 …………………………………………………………174
　　　　　　　（１）　名詞句の合接　　　（２）　前置詞句の合接
　　　　　　　（３）　-r- を介した da/wo と前置詞の合接
7.2.5.2.　複合による副詞 …………………………………………………………175
　　　　　　　（１）　前置詞＋副詞　　　（２）　副詞＋副詞
　　　　　　　（３）　da/hin/her＋前置詞；前置詞/副詞＋her/hin
7.2.5.3.　派生による副詞 …………………………………………………………175
　　　　　　　（１）　-s　　　　　（２）　-ens　　　　（３）　-lings
　　　　　　　（４）　-lei/-er-lei　（５）　-wärts　　　（６）　-halben
　　　　　　　（７）　その他

参考文献 ……………………………………………………………………………178
事項の索引 …………………………………………………………………………179

7.1. 語　　彙（Wortschatz）

7.1.1.「語彙」とは何か

　語彙 Wortschatz（英語では vocabulary，フランス語では vocabulaire）とは，語（「単語」ともいう）Wort の集まりを指す．ある作品に用いられた単語の総体や，またそれを記した単語集を指すこともあるが，言語の学問では，一つの言語の中のすべての語の集まりを指す．つまりドイツ語の語彙というのはドイツ語の単語の全体を指す．「単語の全体」と言えば，その把握は簡単そうに見えるが，実は，そうではない．
　ドイツ語の語彙は30万～50万語からなると推定されている．いま，ここで，おおよその数値を，「推定」という言葉づかいのもとに示したのは，その全体像を正確な数値で示すことが，不可能であることを意味する．不可能であるというのは，その数が極めて大きいということが，その理由ではない．いくら大きくとも無限でなければ努力をすれば数えることができるはずである．
　数えられないという第一の理由は，言葉は常に変わるものであるからだ．新しい語が造られる反面，古くなった語が用いられなくなって行く．新しく出来た語を新語 Neuwort，用いられなくなった語を廃語 obsoletes Wort という．新しい語の中には，新たに造られるもののほかに，外国語から採り入れられる，いわゆる外来語 Fremdwort というものがある．外国語から採り入れられたものの中には，すでに同化して他のドイツ語とほとんど区別がつかなくなったようなものもある．これらは外来語と区別して借用語 Lehnwort と呼ばれる．このように語彙の全体像は音声や文法といった他の言語現象と同様に常に混質的であり，常に変化の中にあるのである．
　新語 Neuwort の中には次のようなものがある：Der neue Sportwagen ist ein Stern am Autohimmel.（この新しいスポーツカーは「車の空」に現れた新しい星だ．）この比喩的表現における Autohimmel「車の空」というのは「車の世界」という意味での，新しく造られた単語，つまり新語であるが，この

新語がドイツ語の語彙の中にすでに定着しているかどうかの判断は難しいところである．このような新語は状況造語 Situationsbildung あるいは即席造語 Gelegenheitsbildung と呼ばれている．

　それでは語彙を，全く変化のない姿のままでとらえることができるのならば，つまり，変化の要因を全く排除することができて，その姿を，その都度その都度の時点における変化しないものとしてとらえることができるとするならば，その語の数は数えられるのかといえば，やはり，そうではない．以下にその事情を示そう．

　実は，語を数えるにあたって，何をもって一つの語というのか，という問題に関して，色々の難点がある．ドイツ語においては（あるいはドイツ語においても），次のような問題点がある．

　Ich gehe, du gehst, er geht, wir gehen, ihr geht, sie gehen などの下線をほどこしたものは形がちがうから，それらは，それぞれ異なった単語なのだろうか．それとも同じ意味をもつ同じ語の異なったあらわれなのだろうか．文法は，それらは，一つの語の異なった人称変化形だと教えてくれる．ドイツ語の動詞はこのように人称・数によっての変化形がある（他に時称・法・態による変化がある）．名詞・代名詞・冠詞などには性・数・格による変化がある．これらの場合には一つの語の異なった変化形という考えで処理することができる．しかし，この異なった変化形という考えだけでは処理できない場合も多い．

　例えば Wir essen gerade.（私たちは食事中だ）という場合の essen と，Essen und Trinken hält Leib und Seele zusammen.（衣食足りて礼節を知る）という場合の Essen とを同一語の異なった変化形と考えてもよいものであろうか．前者は動詞であり，後者は名詞であり，これらは相互に関連はあるものの二つの別語であると考えるべきであろう．ドイツ語の正書法では名詞の場合には語頭を大文字で，動詞の場合には小文字で記す．ドイツ語には，このように動詞の不定詞の形がそのまま，名詞として用いられるものがあるが，その中にはもとの動詞とは区別されるべきものも多い．Essen は，また Ruhr 地方の工業都市名である場合もある．このことについては，後に「同音異義語」ということで考えることにする．

　名詞の See の場合にはどうであろうか．例えば auf dem See rudern（湖上で漕ぐ）という場合の See（湖）と，an die See fahren（海辺に行く）と

7.1. 語　　彙

いう場合の See (海) とは，その意味が異なっているから二つの異なった語としてよいものであろうか．意味上の異なりの他に，さらにこの二つの名詞は性も異なり，前者は男性名詞，後者は女性名詞である．歴史的には，これら二つの名詞は同一語であった．古高ドイツ語の時代には，sē(o)は常に男性であった．時代の変遷とともに意味が分化し，平行して性の区別が生じたものである．こういうものは一つの語の二つの意味と考えるべきだろうか．それとも二つの別語と考えるべきだろうか．従来の辞書では同じ項目のもとにこの二つの意味が記されているが，これらは，二つの別語と考えるべきだろう．

　Schloß (新正書法では Schloss と綴る) という語形には 1) 城, 2) 錠 という二つの場合がある．この二つの Schloß も歴史的に見ると，もとは一つの語である．しかし，ここにも，二つの語の存在を考えるべきではなかろうか．Bank における 1) ベンチ, 2) 銀行の場合にも同様の事情がある．

　さらに一つの語と考えることのできる場合にも，一語がさまざまな意味をもつということ，つまり語が多義であるということをどのように考えるべきであろうか．具体的な例を示せば，名詞 Zug の場合にも次に示すようなさまざまな場合がある．

1) ein Zug nach München　ミュンヘン行き列車
2) ein langer Zug der Demonstranten　デモ隊の長い行列
3) der Zug der Vögel　鳥の渡り
4) Der Zug des Herzens ist des Schicksals Stimme.　心の動きは運命の声
5) Hier herrscht ein ständiger Zug.　ここには絶えず隙間風が吹く
6) einen kräftigen Zug aus der Flasche tun　瓶からぐいと一飲みする
7) ein starker Zug　(チェスにおける) 強力な一手

このさまざまな七つの Zug には，その意味において，ともに動詞 ziehen の「引く・引かれて動く」という意味との関連性を指摘することができる．Zug という語形も ziehen の母音交替による形なのであるが，そのことは，今，ここでは考えないことにする．意味の上で，すなわち，1) の Zug は「引っ張られて動いていくもの」，2) の Zug は「つながって動いて行くもの」，3) の Zug は「群れをなして動いて行くもの」，4) の Zug は「心の動き」，5) の Zug は，「空気の動き」，6) の Zug は「液体の動き」，7) の Zug はチェスの「駒の動き」なのである．従って，ここでの七つの異なる意味の中には，動詞 ziehen の意

味の中にも見られる「動き」という意味上の共通性を考えることができる．しかし，この共通性は一体どのような意味を持つものだろうか？「動き」という共通性は，どの程度までこの七つの Zug が同一の語であることの支えとなりうるであろうか？「列車」と「一飲み」は全く似ていないではないか？そして，似ていないという主張のもとに，先に示した共通性を全く無視するとすれば，七つのそれぞれの異なりは，二つの「同音異義語」Homonym である数詞の acht¹「八」と gib acht！(新正書法では gib Acht！と綴る)「注意せよ」の場合の acht²「注意」との間の異なりの場合の異なりと区別できないのではなかろうか．すなわち，七つの Zug は，はたして，一語であるのか，それとも七語であるのか，という問題があるのである．

　いわゆる分離動詞と呼ばれるものの場合にも同様に，それらを一つの単位，すなわち一語であると考える根拠はどこにあるのだろうか？「再び/来る」の wieder kommen は二語，「もどって来る」は一語の wiederkommen である．しかし，「もどって来る」が一語ならば，「再会する」も「再び/見る」の wieder sehen とは区別して一語と考えることはできないのだろうか？実は,「再会する」は旧正書法で wiedersehen と一語であったが，新正書法では wieder sehen と二語の取扱いなのである．これは一語か二語かの判断の仕方に異なった態度のありうることの一つの例である．

　◇　名詞の「再会」は新正書法でも Wiedersehen と続けて書く．

　以上の様に語という単位の認定という問題に関しては種々の難点があるものの，ドイツ語の語彙は先にも述べたように30万〜50万語からなると推定されている．そのうち，1/4が動詞，2/4が名詞，形容詞と副詞が1/4，そして前置詞と接続詞で200語，代名詞が100語以下と考えられている．

　語彙全体を，それぞれの話者にとっての能動的語彙 aktiver Wortschatz と受動的語彙 passiver Wortschatz とに区分することもできる．それは，一人の個人が自分のものとして使用できる語彙と，自分からは使用しないが他人によって使用された場合には理解できる語彙という区分である．平均的ドイツ人の能動的語彙は12000〜16000語であり，そのうち外来語は3500だと考えられている．

　さて，その語彙の全体像を把握しようとするときには，どのような接近法があるだろうか．それには二通りの態度が考えられる．その一つは語の出自・由来による歴史的な把握である．そして，もう一つの態度は歴史的な諸事情

7.1. 語彙

を離れて、一つの時点における語彙の体系と構造の把握である。

このような二つの接近法が近代の言語学において明晰に区別されたのは、1916年に刊行されたソシュール『一般言語学講義』(小林英夫訳、原著は Ferdinand de Saussure: *Cours de linguistique générale*) においてである。(この書物には Hermann Lommel によるドイツ語訳 *Grundfragen der allgemeinen Sprachwissenschaft* 1931がある。) Saussure は時間の作用を考慮に入れた言語学を通時的 diachronisch な言語学、時間の作用を一応無視した言語状態を対象とする言語学を共時的 synchronisch な言語学とした。概略的にいって、19世紀の言語学は通時的なものであり、20世紀になってからは共時的な言語学が前面にあった。

本書では、このような二つの区分のあることを念頭において、以下に、まず、ドイツ語の語彙の歴史を眺め、次いで、語の意味の問題を扱い、さらにその意味に従っての語彙の体系と構造について述べることにする。語については、またその構成法をも問題にしなけばならない。その構成法にしたがえば、語は単一語 Simplex, 複合語 Kompositum, 派生語 Ableitung に分けることができる。それらの問題については本書の第二部である7.2.「造語」で取り扱う。

7.1.2. ドイツ語語彙の歴史的概観

7.1.2.1. 語の歴史的な分類

ドイツ語の語彙を歴史的な観点から分類した場合 1) Erbwort 相続語 (本来語ともいう), 2) Lehnwort 借用語 (借入語ともいう), 3) Fremdwort 外来語という三つに区分されることがある。相続語というのはインド・ヨーロッパ語ないしはゲルマン語に遡ることのできる語、借用語というのは、ドイツ語以外の他の言語から取り入れた語ではあるが、すでに語形変化や発音の上で相続語と同様に感じられている語 (のちに返却することが考えられていないのに「借りる」という表現は不適という異論もあるが)、それから、外来語というのは文字通り外国から入って来て、発音や語形変化に関しても外国風 fremd なものと感じられている語のことである。

若干の例をあげれば、

Vater 父, Mutter 母, Bruder 兄・弟, Schwester 姉・妹, eins 一, zehn

十, viel 多い, ich 私, du 君, er 彼, sie 彼女 などは本来語である.

借用語には Straße 道路, Korn 穀物, Wein ワイン, Käse チーズ, Fenster 窓 などがある. これらはいずれもラテン語に由来するものであるが, それらの発音や複数形の作り方などは本来語と区別できない.

ところが外来語である spazieren 散歩する, Familie 家族, Auto 車, Hotel ホテル などは本来語や借用語とは異なる. すなわち spazieren, Familie, Hotel などは語頭にアクセントを持たない. また Auto や Hotel の名詞の複数形は -s を付す形式であり, 本来語や借用語とは異なっている.

以上の三つの区分はドイツ語の語彙の全体のおおよその性格を示しているといえる. つまり, ドイツ語は, インド・ヨーロッパ語の中のゲルマン語派に属する言語であって, ローマ文化の大きな影響のもとにあって多くの語を採り入れ, その後もフランスを始め近隣諸国との接触のもとに色々な語を取り入れて今日の姿を示しているのである.

以下に, その歴史的変遷を概観しよう.

◇ 日本語の語彙は, おおよそ大和ことば, 漢語, そして（通常カタカナ書きされる）外来語と三区分される. このことは, ドイツ語における本来語・借用語・外来語の三区分とおおよそ対応している. ただし, 漢語と大和ことばとは表記および発音の上ではおおいに異なるものであるという点で, そういう区別がない借用語と本来語との関係とは異なっている.

◇ 親族名称の中で Onkel, Tante, Kusine はフランス語に由来するものである. Kusine は語頭にアクセントがない点で本来語とは異なるが, Onkel と Tante は, その由来を知らなければ, 本来語と区別することができない.

7.1.2.2. インド・ヨーロッパ語

世界の諸言語の数は3000以上あるとされるが, その内のいくつかは, 19世紀に成立した比較言語学 vergleichende Sprachwissenschaft における比較の手続きによって共通の源 gemeinsame Quelle に基づき, その源から分岐・発達した諸言語だと考えられている. そのような推定に基づく諸言語の共通の源の言語を祖語あるいは基語 Ursprache という. インド・ヨーロッパ語ある

7.1. 語　　彙

いは印欧語 Indoeuropäisch というのは，以下の諸言語の祖語と想定されたものである．Indoeuropäisch という名称の他に，インド・ゲルマン語 Indogermanisch という名称もある．

　インド・ヨーロッパ語が分岐・発達したと考えられる諸言語もいくつかのグループに纏められる．そのようなグループを語派と呼ぶ．以下に，それらの語派とその語派に所属するとされる諸言語の名称を掲げる．

1) インド語派 Indisch：ヴェーダー語 Vedisch，サンスクリット語 Sanskrit，ヒンディ語 Hindi，ウルドゥ語 Urdu，ベンガル語 Bengali．
2) イラン語派 Iranisch：アヴェスタ語 Avestisch（古くは Awestisch と記す），ペルシア語 Persisch，クルド語 Kurdisch．
3) アルメニア語派 Armenisch：アルメニア語 Armenisch．
4) ヒッタイト語派 Hethitisch：ヒッタイト語 Hethitisch．
5) トカラ語派 Tocharisch：トカラ語 Tocharisch．
6) ギリシア語派 Griechisch：ギリシア語 Griechisch．
7) アルバニア語派 Albanisch：アルバニア語 Albanisch．
8) イタリック語派 Italisch：ラテン語 Latein あるいは Lateinisch，（ラテン語が分化した結果成立した今日の）スペイン語 Spanisch，ポルトガル語 Portugiesisch，フランス語 Französisch，イタリア語 Italienisch，ルーマニア語 Rumänisch，レト・ロマンス語 Rätoromanisch．
◇　ラテン語を起源として分化した言語グループはロマンス諸語 romanische Sprachen と呼ばれる．
9) ケルト語派 Keltisch：アイルランド語 Irisch，ブルトン語 Bretonisch，ウェールズ語 Walisisch．
10) バルト語派 Baltisch：リトアニア語 Litauisch，レット語（ラトビア語ともいう）Lettisch，古プロシア語 Altpreußisch（17世紀に消滅）．
11) スラブ語派 Slawisch：古代教会スラブ語 Altkirchenslawisch，ブルガリア語 Bulgarisch，セルビア・クロアティア語 Serbokroatisch，スロベニア語 Slowenisch，マケドニア語 Makedonisch，ポーランド語 Polnisch，チェッコ語 Tschechisch，スロバキア語 Slowakisch，ソルブ語 Sorbisch，ロシア語 Russisch，ウクライナ語 Ukrainisch，白ロシア語 Weißrussisch．
12) ゲルマン語派 Germanisch：ゴート語 Gotisch（すでに消滅），スウェ

ーデン語 Schwedisch，ノルウェー語 Norwegisch，デンマーク語 Dänisch，アイスランド語 Isländisch，フェーロー語 Färöisch，英語 Englisch，ドイツ語 Deutsch，フリースランド語 Friesisch，オランダ語 Niederländisch．

その他，語派への所属のはっきりしないフリギア語 Phrygisch，トラキア語 Thrakisch，イルリア語 Illyrisch もインド・ヨーロッパ語に所属する．ドイツ語は，すでに記したようにゲルマン語派に属する言語である．

このインド・ヨーロッパ語を話していた人々とその文化について，今日，次のような推定がなされている．

彼らは父系制を中心とした貴族的な集団であって，社会に僧侶，王侯貴族，農民・庶民の三階級があった．

インド・ヨーロッパ語は，のちに分裂するが，その分裂以前の言語の使用者たちの最後の居住地はウクライナよりカルパチア山脈に至るかなり広い帯状の地帯である．彼らが牛，馬，犬，豚などを知っており，銅，金，銀を持ち，農耕をしていたと推測することができる．

彼らのすべてが文献を残しているわけではないが，インド，ヒッタイト，ギリシアには文献が存在する．リグ・ウェーダーについては，少なくとも，その一部は紀元前1000年のものであり，ヒッタイトのものは紀元前1600年のものである．ギリシアの Homer の存在は紀元前9世紀である．このようなことからすると，祖語の分裂は，それ以前，およそ紀元前2000年頃であろう．金属の使用が認められることから，新石器時代の終り頃であると推定できる．

インド・ヨーロッパ語に遡ることのできる現代ドイツ語の単語には次のようなものがある：

基本的な代名詞や数詞など

der, dich, du, er, ich, mich, sie, uns, wer, wir などの代名詞や eins ～zehn, hundert, viel などの数詞（tausend の語はバルト，スラブ，ゲルマンにしか見られない．）

樹木の名称

Ahorn かえで，Birke 白樺，Buche ぶな，Eibe いちい，Eiche オーク，Erle はんのき，Esche とねりこ，Espe やまならし，Fichte とうひ，Linde しなのき など．これらの存在から印欧語民族は樹々の豊かな地域に住んで

7.1. 語　　彙

いたであろうとの推定がなされる．

農耕・穀物に関する語

Ähre 穂，Stroh わら，Korn 穀物・粒，Roggen らい麦，Hafer からす麦，Flachs 亞麻；Acker 耕地，Samen 種子，säen 種を蒔く，Pflug 鋤，pflügen 鋤で耕す，Furche 畝のあいだの溝，bauen 耕す，Wagen 車，Rad 車輪，Achse 車輪の軸，Deichsel 車のながえ，Joch くびき，mahlen 穀粒などをひく，schroten 穀物を荒びきする　など．ただし，これら農耕・穀物に関する語は印欧語の中でも西のグループにしか見られない．このことから，ヨーロッパでは農耕生活がいとなまれたが，他の地方に移住したグループは農耕を放棄したとか，あるいは農耕生活がそれほど発達してはいなかったなどとの推論がなされている．

獣の名

Biber ビーバー，Elch へらじか，Fuchs 狐，Hase 野うさぎ，Hirsch 鹿，Otter かわうそ，Wolf 狼，Ziege 山羊，Bock （山羊・羊・鹿・兎などの）雄，Hund 犬，Kuh 雌牛，Ochse （去勢された）雄牛，Rind 牛，Schaf 羊，Schwein 豚　などの獣の名．

◇　ドイツ語の Bär 熊 や Pferd 馬 は後につくられたものであって印欧語には遡れない．ただし，印欧語にも「熊」や「馬」をあらわす語はあったとされている．

◇　ドイツ語の Bär は mhd. *ber*，ahd. *bero* であり，本来は「褐色のもの」を意味する語であった．ゲルマン人たちが，その動物の直接の名を呼んで熊を怒らせたり，出現させたりするのを恐れて，このように婉曲的な名を用いたと考えられている．Biene 蜜蜂（＜巣をつくるもの）や Fuchs 狐（＜ふさふさした尾をもつもの）もこのような由来による名であるとされる．

◇　Pferd は中世ラテン語の paraveredus（郵便馬車の馬）に基づく語である．

鳥類の名

Aar わし，Ente 鴨，Gans がちょう，Häher かけす，Hahn 雄鶏，Huhn 鶏，Kranich 鶴，Rabe からす，Star ほしむくどり，Storch こうのとり　などの鳥の名．これらの動物名の存在を，今日の中部・北部ヨーロッパの動物相 Fauna と比べ，また，ここに，南ヨーロッパの動物 Esel ろば，Maultier

らば やアジアの動物 Löwe ライオン や Tiger 虎 などの欠けていることを考えあわせるならば，印欧語民族の古い居住地は北部・中部ヨーロッパであろうとの推定ができる．

身体部位の名
Haupt 頭, Hals 首, Achsel 肩, Arm 腕, Herz 心臓, Knie 膝, Fuß 足, Auge 目, Ohr 耳, Nase 鼻, Kinn 顎, Mund 口, Lippe 唇, Zunge 舌, Zahn 歯 など.

親族名称
Vater 父, Mutter 母, Sohn 息子, Tochter 娘, Bruder 兄・弟, Schwester 姉・妹, Neffe 甥, Enkel 孫, Schwieger-(たとえば Schwiegervater 義理の父などの語をつくる複合名詞の一部), Schwäher 義理の父, 義兄弟 などの親族名称

社会関係をあらわす語
Gast 客, Magd 下女 など.

基本的な動詞
beißen 嚙む, binden 結ぶ, essen 食べる, fahren 車で行く, fechten 戦う, fragen 尋ねる, gehen 行く, kommen 来る, liegen 横たわる, sagen 言う, schneien 雪が降る, schwitzen 汗をかく, spähen 様子をうかがう, springen 跳ねる, stehen 立っている, steigen 登る, sterben 死ぬ, tun 行う, wachen 目を覚ましている・見張る, weben 織る, werden 成る, wissen 知っている, zähmen 馴らす など

基本的な形容詞
arm まずしい, dünn 細い・うすい, eigen みずからの, faul くさった・怠惰な, fern 遠い, frei 自由な, hart 固い, jung 若い, kalt 冷たい・寒い, lang 長い, lieb 愛らしい, neu 新しい, rot 赤い, süß 甘い, stark 強い, weiß 白い, weit 遠い など.

◇ ブナの樹論　Buchen-Argument：
　インド・ヨーロッパ祖語を話していた人々の居住地を推定するのにブナの樹 Buche を意味する語の存在を手掛かりにする考え方をいう．Buche は中高ドイツ語で buoche, 古高ドイツ語で buohha の形であった．この ahd. buohha や lat. fāgus (ブナ), gr. phegós (オーク), russ. boz (にわとこ)

7.1. 語　　彙

などの語形から，*bhags という祖形を推定し（比較言語学では推定形に＊の印をつける．この記号は Asteriskus あるいは Sternchen と呼ばれる），この祖形がブナを意味するものであるならば，インド・ヨーロッパ語を話していた人々の故郷はブナの樹の成育するところ（ブナの樹の成育はヨーロッパの中部と西部に限られる）であったと推定したのであった．

◇　鮭論　Lachsargument：

「鮭」を意味する語 Lachs の ahd. の形は lahs である．この形や古プロシア語，リトアニア語，ポーランド語，ロシア語などにおける対応語の存在から，インド・ヨーロッパ人の故地を「鮭」の生息するところ（日本などは問題外とすると，北大西洋沿岸と北ヨーロッパの河川のみ）と推定する論がある．しかしトカラ語 laksi は「魚」の意味であるという．トカラ人が，「鮭」のいない土地に移住して，この語を「魚」一般をあらわすのに用いたのかもしれない．しかし，また逆に，もとの意味は「魚」であって，それが上記の語において特に「鮭」を意味するように変わったという変遷があったとするならば，この論は成立しない．

　ドイツ語は後に述べるように，その諸方言を大きく，高地ドイツ語 Hochdeutsch（Hd. と略）と低地ドイツ語 Niederdeutsch（Nd. と略）とに二分することができる．現代の標準ドイツ語は，その高地ドイツ語を中心とした統一的な形である．高地ドイツ語は歴史的に，古高ドイツ語 Althochdeutsch（Ahd. と略），中高ドイツ語 Mittelhochdeutsch（Mhd. と略），新高ドイツ語 Neuhochdeutsch（Nhd. と略）に三区分される．また，初期新高ドイツ Frühneuhochdeutsch（Frühnhd. と略）を考える四区分も行われている．

　以下に数詞1〜10までを，それぞれの形，および英語やラテン語との対応形とともに掲げる．

	nhd.	mhd.	ahd.	engl.	lat.	
1	ein	ein	ein	one	ūnus	Nhd.で数詞で単独の場
2	zwei	zwene	zwene	two	duo	合は eins
3	drei	drī	drī	three	trēs	
4	vier	vier	fior	four	quattuor	
5	fünf	vünf	funf	five	quīnque	
6	sechs	sehs	sëhs	six	sex	

7	sieben	siben	sibun	seven	septem
8	acht	aht	ahto	eight	octō
9	neun	niun	niun	nine	novem
10	zehn	zëhen	zëhan	ten	decem

7.1.2.3. ゲルマン語

インド・ヨーロッパ語族の西のグループにゲルマン語派がある。今日，Deutsch ドイツ語, Englisch 英語, Niederländisch オランダ語, Friesisch フリースランド語 (以上西ゲルマン), Dänisch デンマーク語, Norwegisch ノルウェー語, Schwedisch スウェーデン語, Isländisch アイスランド語, Färöisch フェーロー語 (以上北ゲルマン) などがこの語派に属する言語である．その他に東ゲルマンとされるゴート語 Gotisch, ブルグント語 Burgundisch, ヴァンダル語 Wandalisch などがあったが，今日，すでに消滅している．

これら諸言語の共通の源はひとつであったと推定され，それらは，共通の親から生まれた姉妹に例えて姉妹語 Schwestersprachen と呼ばれる．姉妹の親である言語をゲルマン語 Germanisch, そのゲルマン語の元の形をゲルマン祖語 Urgermanisch と呼ぶ．ゲルマン祖語は，おおよそ次に示すように，三つのグループに分岐したと考えられている．

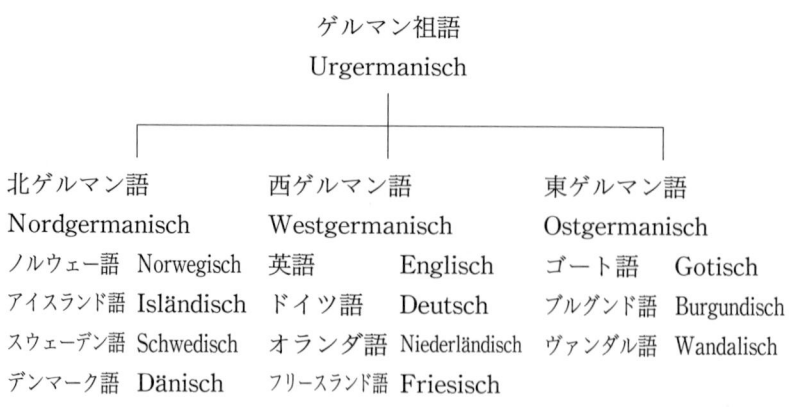

◇ 北ゲルマン語 Nordgermanisch は Nordisch と呼ばれることがある．

7.1. 語　　彙

　このゲルマン祖語の形は文献には残っていない．残っている後のものは Wulfila の訳したゴート語の聖書，古期北欧語の伝説，ラテン語文献の中にあらわれるゲルマン語などである．

　◇　ゴート語：ゴート族の話していた言語がゴート語である．ゴート人たちはスカンディナヴィア南部から前一世紀頃に移住して来て，ヴァイクセル河の下流地方にいた．紀元後150年すぎにはその一部が黒海北岸に現れ，三世紀中葉にはローマ軍と干戈を交え，またドーナウの沿岸に現れてローマの辺境を度々圧迫した．5世紀からフランス南部よりイベリア半島にかけて西ゴート王国が存在したが711年に崩壊した．一方，東ゴート王国が493年にイタリアに建国されたが553年に滅ぼされた（→7.1.2.4）．東西ゴートの滅亡によってゴート民族は離散ないし周囲の民族に同化した．しかしゴート語を用いる人達はクリミア半島 Krim に18世紀まで生活していた．

　◇　Wulfila：西ゴート人の司教，Ulfila(s) とも記す．311年生まれ，382年あるいは383年に Konstantinopel にて没．350年頃バイブルを翻訳した．そのバイブルは今日，スウェーデンの Uppsala 大学にある．紫の羊皮紙に銀と金で記されている．その文字であるゴート文字はギリシア文字に範をとった Wulfila の創案とされている．その中には Rune 文字もいくつか採用されている．

　諸言語のできるだけ古い形を照らしあわせて基語の形を推定することができる．例えば Vater を意味する ahd. fater, asächs. fadar, anl. fader, afries. feder, ags. fœder, engl. father, anord. faðir, got. fadar などから，germ. *fader が推定されている．さらに，この *fader はインド・ヨーロッパ祖語の *pətér にもとづくとの推定がなされている．

　古代ローマの歴史家たちがゲルマン人について述べるとき，すでにゲルマン人は諸部族に分かれ，方言も分かれていた．

　彼らの原郷 Urheimat もヨーロッパだというのが今日の見解である．彼らは，その故地（あるいは今日の南スウェーデン・南ノルウェー・デンマークあたりか）を離れて，紀元前1000年頃に Weser 河や Oder 河の下流域に定住し，紀元前750年頃までに Weichsel の河口域に達し，紀元前500年頃に Rhein 河口域およびドイツの中部山岳地帯に突き当たったとされる．

ある民族が他民族に支配されるとき，支配される民族は，自己の民族の言語の他に，支配者の言語をも使用しなければならず，実質的に二言語併用が強制される．そのような場合，支配者の言語を上層言語，被支配者の言語を基層言語という．基層言語はやがて消滅するが，上層の言語に影響を与える．その基層言語の例としては上層のラテン語に影響を与え，今日のフランス語等を生じさせたガリア語がある．フランス語と同様のイタリック語であるルーマニア語もスラブ語の基層の上に生じている．

　ゲルマン族が上記のように，他の場所から移住して来た際には，その土地に先住民族がいたであろう．その先住民族の言語の上に，ゲルマン語がかぶさり，先住民族の言語は消滅したが，その言語の影響を受けて，ゲルマン語の性格が変わったという可能性はある．ゲルマン語の中の語彙の三分の一は非インド・ヨーロッパ系の語であるとされ，ゲルマン語の性格が大きく変ってもいる．これらのことから見ると，このような基層言語についての解明がなされていないとはいえ，基層言語の存在の確率は高いと考えられる．

　大きく変ったゲルマン語の性格というのは，とくに次の二つの点である．
　1) ゲルマン語子音推移と呼ばれる音韻の変化
　2) 語のアクセントの位置の変化：強音は語根音節にのみあり，アクセントのない音節は弱化する

ゲルマン語子音推移 Germanische Lautverschiebung

　ゲルマン諸語においては，他のインド・ヨーロッパ諸語とは異なる独自の子音の推移が見られる．これをゲルマン語子音推移 Germanische Lautverschiebung と呼ぶ．のちに高地ドイツ語だけに別の子音推移(それは高地ドイツ語子音推移 Hochdeutsche Lautverschiebung と呼ばれる) が生じており，この推移との対比においてこのゲルマン語子音推移を第1次子音推移 erste Lautverschiebung と呼ぶことがある(従って高地ドイツ語子音推移はまた，第2次子音推移 zweite Lautverschiebung とも呼ばれる)．

　次ページの表でそのゲルマン語子音推移の様子を示すことにする．推移以前の様子を示すために，適切な対応の例がある場合にはラテン語の形を，また推移以後の形を示すためにドイツ語の形を示す．ドイツ語ではなく，英語の形を掲げたところは，ドイツ語が後に上記の高地ドイツ語の推移をも経ているので，その推移の前の形を示すためである．

7.1. 語　彙

インド・ヨーロッパ語		ゲルマン語	ラテン語	ドイツ語（または英語）	
p	>	f	pater	Vater	父
			piscis	Fisch	魚
t	>	th	tū	engl. thou	あなた
			tres	engl. three	三
k	>	h	canis	Hund	犬
			cornu	Horn	角
b	>	p	labium	Lippe	唇
d	>	t	decem	engl. ten	十
			duo	engl. two	二
g	>	k	granum	Korn	穀粒
			genu	Knie	膝

その他に次のような推移もあった．しかし，この推移をラテン語との対比で示すことはできないので高津春繁『比較言語学入門』230頁によりギリシア語と英語の対比で示す．

			ギリシア語	英語
bh	>	b	φέρω	bear
dh	>	d	θύρα	door
gh	>	g	χήν	goose

　　（ギリシア語は bh>φ
　　　　　　　　　dh>θ
　　　　　　　　　gh>χ　の変化をのちにこうむっている．）

<u>この子音推移の例外</u>（ヴェルナーの法則）

　インド・ヨーロッパ語の p, t, k は（これに加えて s は）また場合によって b, d, g, (z>r) ともなっている：

　lat. pater,　　got. fadar　では，規則通り　p > f　であるが
　lat. septem,　got. sibun　では，　　　　　p > b　となっている．

　lat. frāter,　　got. broþar　では，規則通り　t > th　であるが

lat. pater,　　got. fadar　　では　　　　　　t＞d　となっている．

lat. canis,　　got. hunds　　では，規則通り　k＞h　であるが
lat. socūs.　　ahd. swigar　では　　　　　　k＞g　となっている．

　この例外は1875年に，デンマーク人 Karl Verner によって説明された．すなわちインド・ヨーロッパ語において，問題の音の直前にアクセントがあれば，その音は規則通り無声の摩擦音に推移するが，アクセントがその音の直後に置かれたり，あるいはその音の前にあっても，すぐ直前ではない場合では，例外と見える，有声閉鎖音に推移したのである．
　◇　このヴェルナーの法則に見られる，同一語あるいは類縁語のあいだに見られる無声摩擦音と有声閉鎖音との交替は文法的交替 grammatischer Wechsel とも言われている．
　　f：b　　　　auf：oben,　Hof：hübsch
　　th＞d：d＞t　leiden：litt,　schneiden：schnitt
　　h：g　　　　ziehen：zog,　zehn：-zig
　　s：z＞r　　 gewesen：war,　glattest：glatter

　◇　英語の father の語形について：got. broþar, fadar は，現代のドイツ語では Bruder, Vater, また英語では brother, father である．ドイツ語の Bruder の d の音は，後の th＞d の推移，Vater の t 音は後の d＞t の推移の結果である．一方，英語でこの両語形において同じ th の音が見られるのは後の英語における変化の結果である．古期の英語においては，それぞれ，broþor, fæder の形であった．

第1次子音推移の年代決定
　この子音推移の生じた年代推定のために Hanf「麻」の語が用いられる．
　この語を歴史的に遡ると，ahd. hanaf, ags. haenep, aisl. hampr 等があり，それらからゲルマン語 *hanap- という形が推定される．これはギリシア語 kannabis の相当語が k＞h, b＞p の推移を示している形である．ギリシア語の kannabis はヘロドトスの時代（紀元前484-425年）になってはじめて東方よりギリシア語に入って来た借用語である．ゲルマン人がギリシア人

7.1. 語　　彙

よりも先に，この語を知っていたはずはないと推定すれば，そのゲルマンにおける子音推移はヘロドトス以後のこと，すなわち紀元前5世紀には，まだこの推移は起っていなかったと考えられる．

またこの推移は紀元前2ないし3世紀には完結していた．それは後に述べるローマからゲルマンへの借用語が子音推移の影響をもはや示していず，またローマの古典の中にあらわれるゲルマン語がすでにこの推移を経た形であることによって知られる．

ゲルマン語に基づくドイツ語の単語
　住居：Bett ベッド（元は「眠るための穴」），Bank ベンチ（元は「高くなったところ」），Saal 広間（元は「一間から成り立っているゲルマンの家」）
　道具：Spaten 鋤（元は「長く平たい木の道具」），Säge 鋸（元は「切断のための道具」），Sense 大鎌（Säge 同様，元は「切断のための道具」）
　食物：Schinken ハム（元は「曲がったからだの部分」），Speck ベーコン・脂身（元は「太ったところ・肥えたところ」），Brot パン，Laib（パンやチーズの）塊
　衣服：Hemd シャツ（元は「覆うもの」），Rock 上着（元は「織物」），Hose ズボン（元は「覆うもの」）
　航海に関するもの：Mast 帆柱，Kiel（船の）竜骨，Sturm 嵐，Ebbe 引き潮，Steuer 舵
　交通：Brücke 橋（元は「角材・丸太」），Furt 浅瀬（元は「渡って行ける箇所」）
　方位：Nord 北，Ost 東，Süd 南，West 西
　家畜・狩猟：Rind 牛，Kalb 子牛，Roß 馬，Lamm 子羊，Bär 熊，Wisent ヨーロッパ野牛，Aal 鰻
　社会生活：Ding 物・事柄（元は「集会」の意味，それが「集会で問題となる案件・法律問題」の意味になる．対応する英語の語は thing），Volk 民衆（元は「軍勢」），König 王（元は「高貴な出自の男」），Adel 貴族（元は「一族の中の高齢」の意味，それが「一族」自身を表し，さらに「高貴な身分」を表すようになる），Sache 物（「法律問題」の意味），Dieb 泥棒，Sühne 償い（元は「判決・法廷・和解」），schwören 誓う（元は「法廷で話す」），dienen 仕える

軍事：Krieg 戦争, Friede 平和, Schwert 刀, Spieß 槍, Schild 盾, Helm 兜, Waffe 武器, Bogen 弓(本来は「たわめたもの」), hadu-, hild-, -wig (最後の三つはいずれも「戦い」を意味する．Hadubrand, Hildebrand, Ludwig などの人名の中に残っている)

なお，この時代に近隣のケルト語からも次のような語が取り入れられている．
　Amt 公職・職務・役所（元は「勤務・業務」），Eid 誓い，Geisel 人質，Reich 国
　地名・河川名 Mainz, Worms, Bregenz；Rhein, Donau, Main, Isar
　◇　Eisen 鉄もケルト語によるものと推定されている．
　◇　Glocke 鐘・鈴 も後の時代にケルト語より取り入れられたものである．6・7世紀になってアイルランドの修道僧が伝導者としてゲルマンの地にやって来た．彼らは故国において行われている鐘・鈴の鋳造技術をももたらした．多分，擬声語であるだろう古アイルランド語の cloc[c] が ahd. glocca として用いられた．
　◇　Erz 鉱石, Hanf 麻, Linse 扁豆・レンズ豆（この語の「レンズ」の意味は後にレンズの発明以後，その形が，この豆に似ているから用いられるようになったもの）の語も起源は不明であるが，このゲルマン語の時代に取り入れられたものである．

7.1.2.4．ゲルマン人とローマ人の接触

ゲルマン人にとってローマ人は先進の文化を有する人々であった．両者の接触ないし対立に関して次の三つの時期が区分されるという．
　第1期：ゲルマン人がローマ人に対して防御的であった時期(紀元前58～後150年)
　　カエサルがガリアの征服に着手する．ライン河が国境であった．辺境防壁の Limes が完成される．
　　◇　Limes とは古代ローマの辺境の防壁である．83年にライン・ドナウ川間に建設が始まった．Limes の語形はラテン語 limus「斜めの・脇の」によるものである．ドミティアーヌス帝の着工以来，拡充されたこの塁壁は，以後，紀元260年にアレマン族によって突破されるまで，およそ200

7.1. 語　　彙

年にわたって機能を発揮した．タキトゥスも記している：「やがてそこにローマによって塁壁が設けられ，守備軍の進駐が行われて，その地は帝国領の前出部となり…」(『ゲルマーニア』29章).

第2期：ゲルマン人とローマ人の格闘が休止した時期（150～250年）

　オランダの Nimwegen やドイツの Köln, Trier, Mainz, Worms, Regensburg などの都市が建設される．

第3期：ゲルマン人の移動期（250年～4世紀末）

　ゴート人が Weichsel 河下流域から移動を開始する．東方のフン族が東西ゴート族を圧迫したのに始まる．東ゲルマンのゴート人はイタリア・スペインに移住し，建国したが，東ゴートは553年に，西ゴートは711年に滅ぶ．ヴァンダル人も5世紀にアフリカに王国をつくったが6世紀前半に東ローマ帝国に滅ぼされる．西ゲルマン人も移動したが，現住地からさほど離れず，その国家も東ゲルマン人に比べると長命であった．

　以上のような関係のうちにゲルマン人は文化とともに多くの語をラテン語から取り入れた．それらの多くはすでに音声形態の上でもゲルマン語に同化して，ゲルマン語と区別がつかないほどである．このように外国語から取り入れて，自国語化した語を，まだ同化してはいない外来語 Fremdwort と区別して，借用語 Lehnwort と呼ぶ．

　ラテン語よりの借用語は400余りにのぼる．主要なものを以下に掲げる．

家屋・建築に関するもの

Ziegel 煉瓦・瓦, Kalk 石灰, Mauer 壁, Fenster 窓, Keller 地下室, Kammer（小）部屋, Pfeiler 柱, Wall 塁壁など．

　◇　Mauer を知る前のゲルマンの「壁」は，木組み建築の枝などを編みこみ土を塗ったものであった．それを意味する語は今日の Wand 壁・間仕切りであるが，この Wand の語形は動詞 winden（三基本形は winden—wand—gewunden である）と関連をもつ形である．

　◇　ゲルマンの「窓」は原始的な掘っ建て小屋の小さな風ぬきの孔であった．英語の wind—ow（風の目）の語形にその痕跡がある．

農業・ワイン醸造に関するもの

Kirsche さくらんぼ, Pflaume すもも, Pfirsich 桃, Kohl キャベツ, Rettich 大根, Kürbis カボチャ, Senf からし, Minze ハッカ, Wein ワイン, Winzer

葡萄栽培者・ワイン醸造者, Kelter 葡萄搾り器, Trichter じょうご, Kelch 足つきグラス, Most 未醱酵の果汁, pflanzen 植える, Flegel（脱穀用の）から竿 など．

商業・経済に関するもの
Markt 市, Mühle 製粉機, Kiste 箱, Korb 籠, Zoll 関税, Münze 硬貨, Kupfer 銅, Pfund（単位の）ポンド, Esel 驢馬, Maultier 騾馬, Saumtier（驢馬や騾馬など）労役に使う動物, kaufen 買う など

◇ kaufen について：Wein（＜lat. vīnum）の語とともに，それを商う小商人 lat. caupō の語もゲルマンに入ってきた．この語から今日の kaufen の語が生じた．デンマークの Kopenhagen（dän. København）もこの語による．この caupō は英語に入って ceap（取引）となり，これに形容詞がついて「よい取引」という言い方ができ，のちに「よい」が落ちて，「値段の安い」という意味の cheap が生じている．

◇ 「取引する」（現在の handeln）を意味する動詞も採り入れられた．ahd. mangōn であるが，今日では用いられない．このように語は廃用となることもある．

日常生活に関するもの
Käse チーズ, Küche 台所, Koch 料理人, Kessel 薬罐, Schüssel 深皿, Pfanne 平鍋・パン, Becken 水盤 など．

軍事に関するもの
Kampf 戦, Pfeil 矢, Drache 竜, Kaiser 皇帝, Straße 道路 など．

◇ ここに記した Pfeil はラテン語 pīlum による．pilum は中性名詞であるが Pfeil（ahd. pfil）は男性名詞である．この中性より男性への性の変更は Speer, Spieß などの男性名詞をモデルにした類推現象によると考えられる．

◇ Straße の語について：strāta(via) の形が，「舗装された（道）gepflaster (Weg)」の意味で5世紀頃，Münze, Pfund, Sack などとともに，「軍道」を表す語として採り入れられた．つまり「舗装された」の形が「軍道」を表す語として採り入れられたわけである．それが通常の「道路」の意味になるのは後のことである．

たいていのラテン語の語は，Mosel や Maas の流れに従い，Trier を経由し

7.1. 語　　彙

て入って来た．

　借用語の多いことは，それを与えた側の文化的優位を示すものである．このようにラテン語の借用語の多いことは，ゲルマンに対するローマの文化的優位を示すものである．

　しかし，ゲルマン人がローマ人に与えた語がないわけではなかった．それは Seife「石鹸」である．ラテン語 sapo はこのゲルマンの語による．この語はやがてポルトガル語 sabão の形で日本に入り，シャボンとなっている．

　◇　ゲルマン人は Rune と呼ばれる文字をもっていた．たいていのルーネ文字は縦の棒 Stab をもっているので，この文字全体は Stab に相当する語をもって，すなわち asächs. stab, ags. (rūn)staef, anord. (rūna)stafr と呼ばれた．このルーネ文字に対してラテン文字は「書物の文字」Buchstabe (ahd. buohstap) と呼ばれた．

　　なお「書物」のことを Buch というのは，その文字を彫り込んだブナ Buche の板に由来する．英語で文字を書くことを write というのも，その「彫り込む」ことに由来する．write はドイツ語の reißen に相当する．

7.1.2.5. 高地ドイツ語

　これまで，簡単に「ドイツ語」Deutsch と呼んできたが，今日のような統一的な言語が初めからあったわけではない．Deutsch という語形は古期高地ドイツ語の diutisc (民衆の) に由来するが，その民衆の言語にはさまざまな方言があった．そのさまざまな方言を大きく二つのグループに分けることができる．南部の高地ドイツ語 Hochdeutsch と北部の低地ドイツ語 Niederdeutsch である．この高地ドイツ語が次第に統一的な形を得て，今日の共通語としての Deutsch が成立したのである．

　高地ドイツ語はおおむね次の四つに時代区分される．

　1) Althochdeutsch　　　Ahd. と略される　古高ドイツ語　　　750-1050年
　2) Mittelhochdeutsch　Mhd. と略される　中高ドイツ語　　　1050-1350年
　3) Frühneuhochdeutsch　Frühnhd.と略される　初期新高ドイツ語　1350-1650年
　4) Neuhochdeutsch　　　Nhd. と略される　新高ドイツ語　　　1650-現代

　高地ドイツ語が他のゲルマン諸語および低地ドイツ語から区分されるのは，それが，高地ドイツ語子音推移 hochdeutsche Lautverschiebung と呼ばれる

語彙・造語

音変化を経ていることによる．すなわち，次のような推移が高地ドイツ語に生じた．この推移を先に述べたゲルマン語子音推移に次ぐ，第二次子音推移 zweite Lautverschiebung と呼ぶことがある．

この推移を以下の表で示す．語例としては主に，この推移を経ていない英語の形（適当なものがないときには他の語形で補う）と推移を経ているドイツ語の形で示す．

ゲルマン語の音	高地ドイツ語の音表記		英語などの形	現代のドイツ語の音表記
p	pf	語頭で	pipe	pfeifen
		nd.	peerd	Pferd
	ff	語中・語末で	ship	Schiff
			hope	hoffen
t	tz	語頭で	tongue	Zunge
			ten	zehn
	zz(=ss)	語中・語末で	water	Wasser
			hate	hassen
k	kch	語頭で	come	chumme（上部 alem.）
	hh	語中・語末で	book	Buch
			make	machen
b	p		got. baíran	bair./alem. peran (=tragen)
d	t		day	Tag
			deep	tief
g	k		got. giban	bair. kepan (=geben)

nd. は niederdeutsch 低地ドイツ語の，got. は gotisch ゴート語の，alem. は alemannisch アレマン語の，bair. は bairisch バイエルン語のそれぞれの略．

なお，この推移以外に，全ドイツ語にわたって，ゲルマン語の θ, ð の音が d 音となる推移現象がある．この推移のなかった英語とドイツ語との対応語例でそのことを示す．

7.1. 語　　彙

英語　th　　　　　　　ドイツ語　d
　　that　　　　　　　　　　das
　　three　　　　　　　　　 drei
　　thank　　　　　　　　　 danken

◇　これらの高地ドイツ語の推移を完全にすべて体験したのはアレマン方言やバイエルン方言であって，今日の共通語形には語頭の k > kch や b > p, g > k の推移は見られない。これらの推移をすべて体験しているか，あるいは部分的に体験しているか，あるいは全く受けていないかの差異が，今日のドイツ語の方言区分に関係している。低地ドイツ語は全くこの推移を体験していない。→7.1.5. ドイツ語の方言について

◇　これらの推移がいつごろ起こったか，という年代に関しては，次のような推論がなされている。

　　フン族の王 Attila の名は mhd. Etzel の形であらわれる。「ニーベルンゲンの歌」の中に登場する人物の一人である。これは Attila の語形が高地ドイツ語に入って来た後に t → tz の推移を体験したことを意味する。そうでなければ -t- の音がそのまま残っているはずである。ところで Attila は453年に没している。この有名な王の名はすでに彼の生存中にドイツ人の耳に達していたことであろう。であるとするならば，まだ Attila が生きていた時期には，この推移は起こっていないと考えられる。

◇　借用語が，この推移を経ているかいないかによって，借用の年代の後先を考えることができる場合がある。
lat. tabula には二つのドイツ語形がある。一つは Zabel, もう一つは Tafel である：

　　　ahd. zabal　>　nhd. Zabel　（盤）
　　　ahd. tavala　>　nhd. Tafel　（板）

　　推移以前にドイツ語に入った lat. tabula は，その後，推移を経て ahd. zabal となり，推移の完了以後に入った tabula は，その語頭の t 音を変化させることなく tavala のままで，それぞれ現代の形に至っているのである。

以下のキリスト教関係の語もドイツ語語彙の中に入って来た。それらの語形には，この推移の跡がみられない。

nhd.		< ahd.	< lat.	
Kreuz	十字架	< krūzi	< crux	
Psalm	詩編	< psalm	< psalmus	p が pf になっていない
Regel	規則	< regula	< regula	
predigen	説教する	< predigōn	< praedicare	p が pf になっていない
Schule	学校	< scuola	< schola	
Pergament	羊皮紙	< pergamīn	< pergamenum	p が pf になっていない
Brief	手紙	< briaf	< breve	
Tinte	インキ	< tinkta	< tincta	t が t のままである
schreiben	書く	< skrīban	< scribere	

◇ 「修道院」を意味する lat. monasterium の形も借用されて ahd. ministri であったが，この語は今日 Münster 大聖堂（また地名）として用いられている．

　これらの語が推移を経た形を示していないことは，これらの借用が子音推移完了以後のことであることを意味する．

<u>Ahd. の言語資料</u>
　この時代の言語資料としては，宗教的な翻訳文献のほかに，ラテン語の文書中のゲルマンの人名や地名や各種の写本の行間や欄外に書き込まれた注解などがある．
　Karl 大帝 (742-814) は民衆語を高く評価し，その育成に努めた．ドイツ語での祈りを勧め，多くの文献をドイツ語に翻訳させた．カロリング朝以前に書かれて残っている書物に Abrogans（ラテン語に対応するドイツ語を記した単語集）がある．Ahd. の文学作品としては Hildebrandslied (800年頃) がある．

<u>ウムラウト Umlaut について</u>
　古高ドイツ語の時代にウムラウトの現象が生じた．そのことについてソシュールの『一般言語学講義』の中より抜き書きする：
　「古代高地ドイツ語では，gast「客」の複数はさいしょ gasti であった，hant「手」のそれは hanti であった，等々．のちになって，この -i がウムラ

ウトを生じた，つまり先行音節の a を e にかえる結果をきたした：gasti → gesti, hanti → henti. ついでこの -i がその音色をうしない，gesti → geste etc. となった．その結果，今日われわれは Gast：Gäste, Hand：Hände などの語をもち，ある種類の語はすべて同様の単数・複数の別を示している．」ソシュール『一般言語学講義』小林英夫訳　117-118頁．

7.1.2.6.　古高ドイツ語・中高ドイツ語の概略

　Ahd. においては語末音節に i, a, o, u など音色の明確な母音があらわれていた．その語末音節が弱化してあいまい母音化の過程に入ったのが Ahd. と Mhd. との大きな区別である．

　また Ahd. において Umlaut が生じた．Umlaut とは先に示したように語幹音節の母音が，その後に語尾 i が続く時，変化をこうむる現象である．a はすべて上記の条件下で，Ahd. の段階で e になっている．a 以外は Mhd. の表記法の中であらわれる．

　以上のことを簡潔に示すために Nhd. の Gast 客, Kraft 力, Tag 日 の Ahd. および Mhd. における語形変化表を掲げる．

Gast (pl. ⸚ e) の変化　　　Kraft (pl. ⸚ e) の変化

		ahd.	mhd.	ahd.	mhd.
Sg.	N.	gast	gast	kraft	kraft
	G.	gastes	gastes	krefti	krefte, kraft
	D.	gaste	gaste	krefti	krefte, kraft
	A.	gast	gast	kraft	kraft
	I.	gastu	—	—	—
Pl.	N.	gesti	geste	krefti	krefte
	G.	gesto	geste	krefto	krefte
	D.	gestim	gesten	kreftim	kreften
	A.	gesti	geste	krefti	krefte

Tag (pl. −e) の変化　　　（ウムラウトを引き起こす要素が a の後にないの

		ahd.	mhd.
Sg.	N.	tag	tac
	G.	tages	tages
	D.	tage	tage

で a は変音しないままである．なお ahd. tag/mhd. tac の母音 a は短母音である．）

語彙・造語

		A. tag	tac
		I tagu	—
Pl.	N. taga	tage
		G. tago	tage
		D. tagum	tagen
		A. taga	tage

　Ahd. の時代になってはじめてドイツ語の文献があらわれる。ラテン語 scrībere の形が ahd. scrīban（今日の schreiben 書く）となる。中世ラテン語の tincta が tinkta（今日の Tinte インク）として取り入れられた。

　ラテン語よりドイツ語への翻訳がなされる。ラテン語写本の行間・欄外などに、ドイツ語で Glosse と呼ばれる注釈が記される。*Abrogans* と呼ばれるラテン語辞書の翻訳もある。*Hildebrandslied* も断片であるが残っている。

　特記すべきものはキリスト教関係の語である。次のような語が取り入れられている。

ゴート語を経由したギリシア語
Pfaffe（軽蔑的に）坊主, Pfarre 教区, Engel 天使, Teufel 悪魔, Kirche 教会, Bischof 司教, Pfingsten 精霊降臨祭, bair. Ertag（＝Dienstag）火曜日, Pfinztag（＝Donnerstag）木曜日

7・8世紀に、Rhein 各州にローマ人とゲルマン人が共住した時期に入ったもの
Priester 聖職者, Probst 司教座教会首席司祭, Pfründe 教会禄, Küster 寺男, Pate 洗礼立会人・代父・代母, opfern 生贄として捧げる（これらはガリアのロマンス語に帰すことができる）。

8–11世紀に取り入れられたギリシア語・ラテン語
katholisch カトリックの, Dom 大聖堂, Münster 大聖堂, Kapelle 礼拝堂, Altar 祭壇, Kreuz 十字架, Kruzifix 十字架上のキリスト像, Kanzel 説教壇, Ampel 常明灯, Orgel パイプオルガン, Predigt 説教, Feier 祝典, Kloster 修道院, Regel 規則, Zelle 独居房, Abt 大修道院長, Mönch 修道士・僧, Nonne 修道女・尼, Prälat 高位聖職者, Papst 教皇

　◇　翻訳借用　Lehnübersetzung
　　借用語ではないが、自国語を用いて他国語を翻訳して作った形式をい

7.1. 語　彙

う．Beichte 告解・ざんげ（＜ahd. bijiht, 動詞 bi-jehan (sagen)）はラテン語 confessio の翻訳借用である．同様に lat. conscientia が Gewissen 良心に，communio が Gemeinde 教区・教区民に，exsurgere が auferstehen 復活する　に翻訳借用された．

◇　意味借用 Lehnbedeutung

従来から存在していた語が外国語の影響で新しい意味を獲得する現象を指す．古ゲルマンよりの Gott（ahd. got）はゲルマンの神々を意味する中性名詞であった．その語がキリスト教の影響のもとで，ラテン語の deus「唯一の神」の意味を採り入れ，性も男性になった．

　こういうふうに新しい宗教的な意味で用いられるようになったものに次のような語がある：Himmel 天国，Hölle 地獄，Ostern 復活祭，Buße 悔い改め，Gebet 祈り，beten 祈る，Glaube 信仰，Gnade 恩寵，Milde 寛大・慈悲，Reue 悔い改め，Sünde 罪，Taufe 洗礼

10・11世紀の頃に次のような Suffix が広まった：

形容詞＋-ī（＞ nhd. -e）性質をあらわす抽象名詞をつくる：

　　　　　ahd. scōnī（＝nhd. Schöne）

動詞＋-ida（＞ nhd. -de）女性名詞をつくる：

　　　　　ahd. frewida（＝ nhd. Freude）

　　　　　ahd. girida（＝ nhd. Begierde）

Mhd. の時代には Wolfram von Eschenbach（1170年頃-1220年頃）や Walther von der Vogelweide（1170年頃-1230年頃）などの詩人が登場する．

英雄叙事詩 Heldendichtung の中に戦争および英雄の生活の語があらわれている：recke* 被追放者・他国人・勇士・武人（Recke），dëgen* 若者・勇士・戦士(Degen)，degen 短刀(Degen)，wīgant 戦士・武者(Weigand)，brünne* よろい（Brünne），gēr 投槍・短槍（Ger），rant（特に楯の）縁・楯（Rand），wīc* 闘争・戦い・攻撃，ellen* 闘志・気力，balt 勇敢な（bald），küene 大胆不敵の（kühn），maere 物語・報らせ，snël 屈強な・俊敏な（schnell）など．これらの語は今日おおむね廃語・古語となっているが，中には意味を変えて用いられるものもあるなお * を付した語はすでに Ahd.においても用いられている．

語彙・造語

　宮廷叙事詩 Höfische Dichtung の中には次のような語があらわれている：hövescheit 雅びやかなこと, māze 度量・節度・方法 (Maße), zuht 飼育・教育・たしなみ (Zucht), tugent 有能・功績・徳 (Tugend), milte 寛容・気前のよさ (Milde), kiusche 純粋な・貞潔な (keusch), saelde 至福・祝福・救済, riuwe 悔恨・愛惜・損傷 (Reue), vuoge (音楽の) フーガ (Fuge), vrouwe 身分の高い婦人(Frau), kluoc 賢明な・繊細な・上品な・豊かな(klug), krank 無力の・痩せた・無価値の・病気の (krank), wert 川中の小島・洲 (Werder), gehiure 好ましい・快い・優れた (geheuer), minne (男女の)愛 (Minne), liebe 愛情・喜び・恩恵 (Liebe), ēre 褒美・賞賛・名声・徳力・威圧力 (Ehre), triuwe 誠意・好意 (Treue), staete 恒常的な・堅牢な・確かな・不変の (stet)

　Mhd. の言語見本として *Nibelungenlied* の冒頭の第1節四行を次に掲げる.

　　Uns ist in alten maeren　wunders vil geseit
　　von helden lobebaeren　von grôzer arebeit,
　　von fröuden, hôchgezîten,　von weinen und von klagen,
　　von küener recken strîten　muget ir nu wunder hoeren sagen.

　　いにしえの物語には驚異の数々が語り伝えられている,
　　天晴れな英雄たち, 偉大なる事跡,
　　歓楽と饗宴, 悲しみと嘆き,
　　そして勇ましい武士たちの戦いなどについて, 驚くべき出来事を君達は聞くことができる.

　[解説]　maere は「物語」の意 (既出). arebeit (= nhd. Arbeit) は当時,「辛酸」の意味, hôchgezît (=nhd. Hochzeit) は一般に「祝宴」の意味で用いられた. muget は mugen の変化形 (ir muget=nhd.ihr mögt), この語は今日の können の意味で用いられている.

　次の小節はイースラントのブリュンヒルトのことを述べた箇所である. 括弧の中に添えた現代語訳および後の解説は主として Zupitza/Tschirch の

7.1. 語　　彙

Einführung in das Studium des Mittelhochdeutschen 1960 による．

  Ez was ein küniginne   gesezzen über sê：
  (es war eine Königin   ansässig jenseits des Meeres.)
  ninder ir gelîche   was deheiniu mê.
  (nirgends ihresgleîchen   war keine sonst.)

  si was unmâzen schoene   vil michel was ir kraft.
  (sie war außerordentlich schön sehr groß war ihre Kraft.)

  si schôz mit snellen degnen   umbe minne den schaft.
  (sie schleuderte mit kühnen Helden um Liebe den Speer.)

[解説]
Ez was：sein の変化形には三つの動詞が混じり合っている：ist, sind/bin/war. →第1巻 1.2.41. 補充法および巻末表53.
ein küniginne：ein は不定冠詞．不定冠詞は単数・主格で無変化，従って全ての性で同一の形であった．
gesezzen：gesessen
über sê：über の ü は単母音，über は常に4格支配．sê は常に男性．
ninder：＜niener 先行の n により d が挿入されている．他の例：jemand＜ieman, Mond＜māne.
ir：＝ihrer
gelîche：mhd. î は nhd. ei となる．他の例：rîten＞reiten, wît＞weit. なお語頭の ge＞g の変化は Synkope（語中音消失）と呼ばれる現象で，他の例に Gleis, Gnade, Glaube などの形がある．
deheiniu：irgendein, kein.
mê：mēr の形の r を失った形．
si：sie.
unmâzen：außerordentlich.
schoene：Nhd. では無語尾 schön. ここでは詩節の韻律の関係で語尾 -e をとっている．

vil：常に無語尾．
michel：意味は groß．この語は Nhd. では消失したが，固有名詞などに残っている．
kraft：Kraft．
schôz：＜schiezen（＝schiepen）．
snellen：語尾無しの基本形は snel．意味は「強い stark」＞「巧みな geschickt」＞「速い」．
degnen：＜degenen（en は Dat. Pl.）．
umbe：um … willen, wegen．
minne：Liebe．
schaft：Speerschaft, Speer．

Mhd. の母音（それが後に→のように変化した）
　長音化 Dehnung
　　　短母音 → 長音　　des tages, → des Tages,
　　　　　　　　　　　　ich sprach → ich sprach
　二重母音化 Diphthongierung
　　　長母音 → 二重母音　rîch, wîp, zît　→ reich, Weib, Zeit
　　　　　　　　　　　　bûch, hût, mûs → Bauch, Haut, Maus
　　　　　　　　　　　　hiute, liute, triuwe（iu は ü の長音）
　　　　　　　　　　　　　　　　　　　→ heute, Leute, Treue
　単母音化 Monophthongierung
　　　二重母音 → 単母音　lieben → lieben
　　　　　　　　　　　　tuoch, guot → Tuch, gut
　　　　　　　　　　　　grüezen → grüßen

Mhd. のテクストでは Umlaut の母音は ä（ないし e），ö，ü で表し，その長音は ae, oe, iu で表す．
　◇　*Nibelungenlied* について
　Nibelungenlied とは「ニベルンク Nibelunc の人々の歌」という意味である．ニベルンクの人々とは，ドイツ英雄伝説に出てくる巨額の財宝を持つ小人族，またその財宝を引き継いだ人々を指す．Nibelunc の語源は「霧 Nebel の息子」らしい．

7.1. 語　　彙

　Nibelungenlied には完本・断片あわせて30数点の写本が残されている．それらのうち三つの写本 A, B, C がとくに重要である．いずれも13世紀のものである．その作品の終わりが「これがニベルンクの厄難 nôt である」となっているものと，「これがニベルンクの歌 liet である」となっているものとがある．

　写本 A　Hohenems-Münchner Handschrift（結句は nôt）
　写本 B　St. Gallener Handschrift　　　（結句は nôt）
　写本 C　Hohenems-Donaueschinger Handschrift　（結句は liet）
　Nibelugenlied の主要人物：Siegfried：クサンテンに育った王子．Kriemhild：Gunther の妹．Siegfried と結婚する．Gunther：ヴォルムスにいたブルグントの王．Brünhild と結婚する．Brünhild：イースラントにいた剛勇をもって聞こえた美女．Etzel：Kriemhild の再婚の相手．

7.1.2.7.　ドイツ語と英語

　すでに 7.1.2.3.「ゲルマン語」の節で述べたように，ドイツ語 Deutsch と英語 Englisch はゲルマン語派に属する言語である．従ってドイツ語と英語はお互いに姉妹語 Schwestersprache(n) という関係にある．改めてこの事情を図示すると次のようになる．

```
                    ゲルマン語子音推移があった   高地ドイツ語子音推移があった
                              ↓                        ↓
インド・ヨーロッパ祖語─┌─ゲルマン語─────┌─ドイツ語
                     └─その他の          └─その他の
                       インド・ヨーロッパ諸語　ゲルマン諸語
                                          （ 英語 を含む）
```

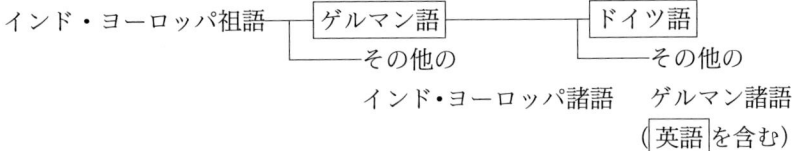

　ドイツ語と英語の間には従って，多くの共通点・類似点・対応する点が見られる．ゲルマン語の子音推移についても，すでに 7.1.2.3. の節で述べた．また，高地ドイツ語の子音推移についても 7.1.2.5.「高地ドイツ語」の節で述べた．その際にも若干の語例をあげたが，本節では，更に詳しく，ドイツ語と，高地ドイツ語子音推移とは無関係の英語との間に見られる対応の語例を示すことにする．それぞれ，上にドイツ語の単語を，下に英語の対応語を，その意味とともに掲げる．

語彙・造語

p → pf の推移に関して：
Pfanne, Pfeffer,　Pfeife,　Pfennig,　Pfund,　Pflaster,
pan,　　pepper,　pipe,　　penny,　　pound,　plaster,
平鍋　　こしょう　パイプ　ペニヒ　　ポンド　舗装

p → f の推移に関して：
Schiff,　Schaf,　hoffen,　schlafen,　helfen,　Affe,　offen,　tief
ship,　　sheep,　hope,　　sleep,　　　help,　　ape,　open,　deep
船　　　羊　　　望む　　眠る　　　　助ける　猿　　開いた　深い

t → z の推移に関して：
zehn,　zu,　　zwei,　Katze,　Herz,　Salz,　Zahn,　Zunge,　Zeit
ten,　　to,　　two,　 cat,　　heart,　salt,　tooth,　tongue,　tide
十　　 …へ　　二　　 猫　　　心臓　 塩　　歯　　　舌　　　（潮）時

t → ss（音としては [s]）の推移に関して
Wasser,　Fuß,　groß,　essen,　grüßen,　hassen,　besser,　heiß
water,　　foot,　great,　eat,　　greet,　　hate,　　better,　hot
水　　　　足　　大きい　食べる　挨拶する　憎む　　よりよい　熱い

k → h の推移（後にこの音は現代ドイツ語の中では ch[x/ç] と表記される）
Buch,　Milch,　Eiche,　Woche,　Lerche,　machen,　Kuchen,　kochen
book,　milk,　　oak,　　week,　　lark,　　make,　　cake,　　cook
本　　　ミルク　オーク　週　　　雲雀　　作る　　　ケーキ　　料理する

d → t の推移に関して：
Gott,　Bett,　gut,　alt,　　unter,　Brot,　　Garten,　rot,　　selten
god,　　bed,　good,　old,　　under,　bread,　garden,　red,　　seldom
神　　　ベッド　良い　古い　　下に　　パン　　庭　　　赤い　　稀に

高地ドイツ語子音推移と関わりのない音の対応
ドイツ語の d と英語の th：
drei,　　du,　　denken,　danken,　Feder,　Donner,　Nord,　Erde
three,　thou,　think,　　thank,　　feather,　thunder,　north,　earth
三　　　君　　　考える　感謝する　羽毛　　雷　　　　北　　　地

ドイツ語の b と英語の f/v：
Leib,　Kalb,　halb,　ob,　　　　　lieben,　leben,　haben,　Leber

7.1. 語　　彙

life,	calf,	half,	if,		love,	live,	have,	liver
肉体	子牛	半分	…かどうか		愛する	生きる	持つ	肝臓

　◇　ドイツ語　Herbst　秋と英語 harvest　収穫, ドイツ語 Weib と英語 wife もこの対応を示している.

母音に関してドイツ語で ei [aI] が英語で o [oʊ] の場合：
　allein, Stein, Seife, Eiche, beide, schneien, heilig
　alone, stone, soap, oak, both, snow, holy
　孤独な 石 石鹸 オーク 両者の 雪が降る 聖なる

　breit, Heim, eigen
　broad, home, own
　幅が広い わが家 独自の
　◇　ドイツ語 Bein 足 と英語 bone 骨 もこの対応を示している.

もちろん英語とドイツ語で共通のものもある.
　b の音に関して：Bruder, brother 兄弟；bringen, bring 持ってくる
　f の音に関して：Feld, field 野原；Finger, finger 指
　g の音に関して：Gras, grass 草；gut, good 良い
　h の音に関して：Haus, house 家；hart, hard 固い

　ここに掲げたドイツ語と英語の対応例の中には, ドイツ語 Zeit（時）と英語 tide（潮・干満）, ドイツ語 Weib（女）と英語 wife（妻）, ドイツ語 Bein（脚）と英語 bone（骨）, ドイツ語 Herbst（秋）と英語 havest（収穫）などのように, 対応する語の間で意味の異なるものがある. これらは, それぞれの言語における意味変遷の異なりを示すものである. 以下にこのような異なった意味変遷の若干例を示すことにする.

<u>ドイツ語 Herbst と英語 harvest</u>：
　いずれもラテン語の carpere「摘む・もぐ」をもとにしており,「収穫」を意味した. ドイツ語ではその収穫の時, すなわち「秋」を意味する. 英語で

は，その収穫の時をあらわす語としてはフランス語にもとづく autumn が用いられ，harvest は「収穫」の意味で用いられる．

ドイツ語 Weib と英語 wife：
　いずれも「女」の意味がもとである．今日，英語では wife は「妻」の意味で用いられる．ドイツ語において今日，「妻」を意味する語は Frau である．「女」の意味での Weib は，今日，雅語として，あるいは軽蔑的な意味で用いられる．

ドイツ語 Bein と英語 bone：
　どちらも「骨」の意味を持っていた．英語の bone は今日でもその意味で用いられるのに対し，ドイツ語の Bein は「脚」の意味で用いられる．「骨」を表すのは Knochen である．

ドイツ語 fest と英語 fast：
　英語の fast（古英語の形は fæst）には to stand fast において「しっかりした・動かない」という意味が見られる．この意味が to run fast において「緩みなく，弱まらずに」から「速く」の意味で用いられるようになった．

ドイツ語 Zaun と英語 town：
　Zaun は今日「垣根・生け垣」の意味を持つ．古期英語の tūn (town) は「垣に囲まれた土地ないし建物を含めた農場」という意味であった．その語が「村落」の意味で用いられるようになり，次いでフランス語の village が「村落」の意味で一般化するにおよんで town はそれより大きな居住集団である「町」の意味で用いられるようになった．

ドイツ語 reißen と英語 write：
　ドイツ語 reißen にはゲルマン語の初期の段階では，「裂く」と同時に「掻く」の意味があった（ritzen「掻き傷をつける・彫り込む」もこの語と同源である）．reißen に対応する古期英語 wrītan は，木片とか石片にルーン文字を「掻きつける」行為を表す語として用いられた．後にこの語が羊皮紙や紙に「書きつける」行為をも表すようになった．ドイツ語では「書く」ことを表すのにラ

7.1. 語　　彙

テン語の scrībere の語をもとにして schreiben を作った．
　◇日本語の「書く」の語も「掻く」と同源である．

ドイツ語 raten と英語 read：
　「書かれたもの」を「読む」ことを表す語として，英語では read (古期英語では rǣdan) が用いられた．この語はドイツ語の raten「謎を解く」に相当する．ドイツ語 raten には「忠告する」の意味もある．英語にも詩やスコットランド方言にはこの用法が残っている．ただし，その場合には read と発音は同じでも rede という綴字を用いる．
　ドイツ語では「読む」を表すのに lesen (元の意味は「拾い集める」) の語を用いる．これは「拾い集める」と「読む」の二つの意味を合わせ持っているラテン語 legere からの翻訳借用だとされる．また「投げられたルーネ文字の棒を拾い集めて解読する」というゲルマンの行為がこの翻訳借用を支えているであろうとも考えられている．lesen の「拾い集める・(ぶどうなどを) 収穫する」という意味は，Trauben lesen, Auslese などの形に残っている．

ドイツ語 satt と英語 sad：
　「飽き飽きした・満腹した」がもとの意味である．ドイツ語の方には，この両方の意味が現在でもある．英語の方は「満ち足りた」→「不安も興奮も感じない」→「落ちついた・真面目な」→「悲しい」の変遷を経ている．

ドイツ語の glatt と英語の glad：
　ドイツ語に見られる「滑らかな」が原義である．英語において，物をこすって滑らかにしたものから「きらきらする・輝かしい」の意味が生じ，やがて「快活な・喜ばしい」の意味が生じた．

ドイツ語 Zeit と英語 tide
　どちらの語も「潮」の意味とともに「時」の意味をも持っていた．中期英語のときに tide は主に「海潮の干満時」の意味で用いられ，のちに「干満の現象」そのものを表すようになる．また time の語が用いられるようになって「時」の意味は，この語の古義となる．一方，ドイツ語の Zeit は現在もっぱら「時」の意味で用いられている．

7.1.2.8. 語の借用について

　すでに述べたように，今日用いられているドイツ語の語の中には，インド・ヨーロッパ語やゲルマン語に基づく Erbwort（相続語・本来語）の他に，外来の要素である Lehnwort（借用語）と Fremdwort（外来語）があった．

　外来の要素には，借用語や外来語のほかに，Lehnbedeutung（借義語）や Lehnübersetzung（翻訳借用）があった．→7.1.2.6.

　この Lehnübersetzung（翻訳借用）をさらに，いわゆる直訳による翻訳か意訳による翻訳かと区別することも行われている．

　以下に掲げる表は，以上の関係を図示したものである．

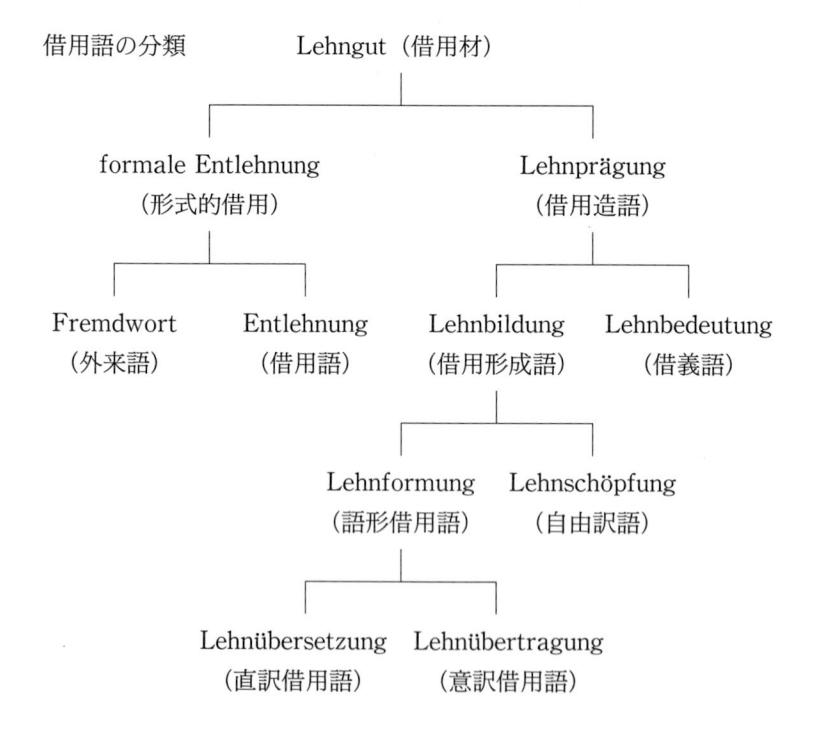

```
借用語の分類        Lehngut（借用材）
                         │
            ┌────────────┴────────────┐
     formale Entlehnung          Lehnprägung
       （形式的借用）             （借用造語）
            │                         │
       ┌────┴────┐              ┌─────┴─────┐
   Fremdwort  Entlehnung    Lehnbildung   Lehnbedeutung
   （外来語） （借用語）    （借用形成語） （借義語）
                                  │
                            ┌─────┴─────┐
                       Lehnformung  Lehnschöpfung
                       （語形借用語）  （自由訳語）
                            │
                      ┌─────┴─────┐
              Lehnübersetzung  Lehnübertragung
               （直訳借用語）    （意訳借用語）
```

　ここに示されているように，まず外来の要素の全体が借用材 Lehngut としてとらえられる．そして，それが，形式的借用 formale Entlehnung と借用造語 Lehnprägung とに分けられる．前者の形式的借用とは，外国の語の形をそのまま，取り入れた場合であり，後者の借用造語とは，外国の語をそのまま

7.1. 語　　彙

用いるのではなく，在来の要素を用いて，新しい語ないし語形を作った場合である．

　形式的借用を外来語と借用語に区別する基準は，借用された語形の在来のもの，すなわち本来語 Erbwort への同化 Assimilation の有無である．つまり同化していれば借用語であり，同化していなければ外来語である．たとえば現在の Münster（大聖堂），Münze（硬貨），Pfalz（館）などは以下に示すように古高ドイツ語時代のラテン語よりの借用である．

　ゲルマン語は第一シラブルにアクセントが置かれるが，ギリシア・ラテン語ではそれが一定していなかった．以下の三語においては，それぞれゲルマン式に，第一シラブルにアクセントがおかれる．

古高ドイツ語時代の借用　　lat. monastērium　＞　Münster　（大聖堂）
　　　　　　　　　　　　lat. monāta　　　　＞　Münze　　（硬貨）
　　　　　　　　　　　　lat. palātium　　　 ＞　Pfalz　　 （館）

　一方，外来語とされる Professor（教授）や Atlas（地図帳）の場合には事情が異なる．lat. professor よりの Professor の場合には，アクセントの位置は Proféssor であり，さらに複数形においては Professóren とアクセントの位置がかわる．Atlas の場合は単数では Atlas の形であるが，複数形では Atlanten となり，アクセントの位置も Professor の場合と同様に後の方に移動する．

　外国の音形によらぬ借用造語 Lehnprägung の場合も二つに区分される．一つは，外来の要素の影響で相続語の語形はそのままであるのに新しい意味を獲得した場合，他の一つは，外来の要素を翻訳するのに相続語を用いて新しい語形を形成した場合である．前者は 7.1.2.6. で述べた意味借用 (Lehnbedeutung) の場合であり，当該の語を借義語（同様に Lehnbedeutung）と呼ぶ．後者は 7.1.2.6. で述べた翻訳借用の場合であり，当該の語を借用形成語 Lehnbildung と呼ぶ (7.1.2.6. では，まとめて翻訳借用 Lehnübersetzung と呼んだが，ここでは以下に述べるように，それをさらに下位区分する)．

　借義語 Lehnbedeutung：
　　<u>Gott</u>（神）：この語のゲルマン語の形は「ゲルマンの神々」を意味するものであった．それがキリスト教の影響で lat. deus の意味を得た．
　　<u>lesen</u>（読む）：この語の元の意味は今日にも残っている「(葡萄などを)

収穫する・集める」である．その語が，相当するラテン語の legere が「書かれたものを読む」の意味にも用いられていたので，ゲルマン語でもその意味を得たのである．

　借用語を形成する際に，まったく自由に訳語を形成した場合を自由訳語 Lehnschöpfung と呼ぶ．外来の要素の形成法を取り入れた場合を語形借用語 Lehnformung と呼ぶ．
　自由訳語 Lehnschöpfung：
　　Waffenstillstand（停戦）：もとになっているのは frz. armistice である．それを「Waffe 武器＋Stillstand 停止」と訳したのが，この語形である．
　　Kraftwagen（自動車）：1885年に Benz によってつくられた Automobil の翻訳である．Auto＋mobil はギリシア語＋ラテン語の形式であるが，その前半分は今日，Auto（自動車）として用いられる．
　　Weinbrand（コニャック）：frz. cognac をもとにする Kognak（コニャック）の語が用いられていたが，1919年6月28日の Versailles 条約275条でこの語の使用が禁じられて以来，Ed. Engel の提案による Wein＋Brand（葡萄酒＋燃焼）の語が官庁用語として用いられるようになった．
　　Umwelt（環境）：frz. milieu の翻訳語として，まずデンマーク語の omverden という形がつくられ，後にそれに相当するものとして，ドイツ語で Um＋Welt「まわり＋世界」という形式によるこの語がつくられた．

　語形借用語は，その翻訳法がいわゆる直訳であるのか，意訳であるのかによって，直訳借用語（狭義での）Lehnübersetzung と意訳借用語 Lehnübertragung に区別する．
　直訳借用 Lehnübersetzung：
　Gewissen（良心）（＜ga-wissan＝con-scientia）
　意訳借用 Lehnübertragung：
　Vaterland（祖国）（＜patria）

7.1.2.9. 語の意味の変遷について

　この世の中のすべては時間の推移とともに変わる．語の意味もそうである．日本語の中に例をとると「あわれ」という語は現在では「かわいそうな」と

7.1. 語　　彙

いう意味であるが，昔は「感動的な」という意味であった．ドイツ語の語の意味も変わっている．

　たとえば Fräulein の今日の意味は「未婚の女性」であるが，もとは「貴族の未婚の女性」を意味した．Faust 第一部の中で Faust に „Mein schönes Fräulein, darf ich wagen, / Meinen Arm und Geleit Ihr anzutragen?" 「もし美しいお嬢さん．不躾ですが，此肘をあなたにお貸し申して，送ってお上げ申しましょう」と声をかけられた Margarete は „Bin weder Fräulein, weder schön, / Kann ungeleitet nach Hause gehn." 「私はお嬢さんではございません．美しくもございません」と答えている．Margarete が自分は Fräulein ではないというのは，「未婚の女性」ではないということではなく，「身分の高い令嬢」ではないということなのである．

　Mann「男」の意味ももとは「人間」の意味であった．ここには「人間」から「男」へという意味の変遷があったわけである．

　このような意味の変遷過程を説明する一般法則を導くことは難しい．しかし，その変遷の類型については次のように，意味の拡大，意味の縮小，意味の向上，意味の下落などいう分類がなされている．

意味の拡大 Bedeutungserweiterung：
　fertig：もとは「車で行く準備ができている」の意味であったが，今日では一般に「準備ができている」の意味である．
　machen：もとは「こねる kneten」，「塗る streichen, schmieren」などの意味であったが，今日では「つくる，する」の意味で用いられている．

意味の縮小 Bedeutungsverengung：
　Hochzeit：本来は「祝祭」それが「結婚式」に限定された．この意味の限定の過程には「祝祭」を意味するのに lat. festum よりの Fest が用いられるようになったことと，一方で「結婚式」を意味する Brautlauf（今日でもスイスでは用いられる）の語が用いられなくなったことが関連するとされる．

　Schirm：本来は「覆うもの一般」を意味したが，今日，通常は「雨傘」の意味で用いられる．「雨傘」には「雨」を意味する語を付した Regenschirm の語形もある．そして，この形や，Sonnenschirm, Lampenschirm, Ofenschirm

などの複合語の中の Schirm には「覆うもの」の意味が残っている．
　Frau：もとは「貴婦人」の意味であったが，今日では「婦人」一般を指す．これは前項の意味の拡大であるが，同じ Frau が「妻 Ehefrau」の意味で用いられるのは意味の縮小である．

意味の向上 Bedeutungsverbesserung：
　Marschall：本来は「馬丁」Pferdeknecht の意味であった．その古形は mhd. marschalc であり，前半の mar は今日の Mähre 後半の schalc は今日の Schalk である．その「馬丁」の意味が「元帥」の意味になった．

意味の下落 Bedeutungsverschlechterung：
　Dirne：元は「少女 Mädchen，乙女 Jungfrau，聖母マリア Gottesmutter Maria の意味であったが，現在の意味は「売春婦，娼婦」の意味である．この意味の下落の過程には「婉曲語法」があるとされる．つまり，あからさまに「売春婦」というのを避けて，遠回しに表現した結果，この意味の下落が生じたというものである．

婉曲語法 Euphemismus：
　そのものを直接にいいあらわすと差し障りの感じられる場合，それを避けて，美化したり，言い換えたり，遠回しに述べたりする語法を「婉曲語法」と言う．
　vollschlank：直接に dick「ふとった」というと差し障りのある場合この「小太りの・ふくよかな」を意味する vollschlank が用いられる．
　entschlafen：「次第に眠りこむ」の意味の他に「永眠する」の意味がある．直接に sterben「死ぬ」の語を避けた結果である．
　Gottseibeiuns：「悪魔」を指すのに Teufel の語を避けて Gott sei bei uns！「神がわれわれのもとにあるように」と言った．その表現が Teufel を指す語となった．「悪魔」はまた Kuckuck「カッコウ」と呼ばれることもある．Kuckuck の語が「カッコウ」以外に婉曲語法により「悪魔」の意味をも得たわけである．

　元来は修辞学の用語である Metapher「隠喩」や Metonymie「換喩」など

も，意味の変遷の説明になることがある．
隠喩 Metaphor による意味の変遷：
　「隠喩」とは，あるものを，それと共通の性質をもつ別のものになぞらえることによって成立する比喩である．たとえば Kamel「らくだ」を das Schiff der Wüste「砂漠の船」と呼ぶ比喩である．砂漠とそれをわたるラクダの関係と，海と海をわたる船との関係を共通のものとみて，ラクダを砂漠の「船」と呼ぶわけである．Fucks「きつね」の語に「ずるい人」の意味もある．ある人のもつ「ずるい」という性質と「キツネ」のもつ「ずるい」という性質を共通のものとみて，その人を「きつね」と呼ぶわけである．そのとき Fuchs の語は本来の「キツネ」の意味とならんで「ずるい人」という新しい意味を得たことになる．

換喩 Metonymie と呼ばれる変遷：
　「換喩」とは，ものを直接にあらわさず，それと空間的・時間的・因果的その他さまざまな意味において接近関係にあるものによっていいあらわす比喩である．
　Stahl「はがね」の語で「短剣 Dolch」を指すのは，材質でもってその生産物をあらわしたことになる．すなわち，換喩によって Stahl が「短剣」の意味をも得ていると説明することができる．Er liest im Goethe.（彼は Goethe を読んでいる）という場合の Goethe は作者のゲーテではなく，ゲーテの作品を意味している．ここでは「作者」から「作品」への意味の推移を指摘することができる．

7.1.3. 語の意味

7.1.3.1. 語の意味のいろいろ

　語の意味 die Bedeutung des Wortes といっても実は様々な問題がある．常識的には，語の意味とは概念 Begriff のことだといわれる．ある国語辞典の「概念」の項には，様々な説明の後に，「概念は言語によって表現され，その意味として存在する」と記されている．たしかに「概念」は意味の大きな部分である．そのような「意味」は概念的な意味 die begriffliche Bedeutung と

呼ばれる．

　語には概念的意味以外の意味が付随する．そのような付随する一切を「副義」Nebensinn と呼ぶこともあるが，通常，概念的意味を明示的意味 Denotation, 副義を暗示的意味 Konnotation と呼んで区別する．例えば Hund の語は，「犬」という明示的意味を持ち，あわせて，「人間にとって忠実」，「嗅覚が発達している」，「ワンワンと吠える」，「番犬として役立つ」などの様々な暗示的意味を持つ．暗示的意味はまた「共示」，「語感」などと呼ばれるものをもを含む．

　暗示的な意味の中に，指示されるものに対する話者の「肯定」あるいは「否定」，「好意」あるいは「嫌悪」，「尊敬」あるいは「軽蔑」などの念を表す意味がある．Pferd「馬」という語が普通の語であるのに対して，Gaul「駄馬」には「役立たずの」という「軽蔑的」な意味が加わる．Weib「女」という語もしばしば軽蔑的な意味で用いられる．このような意味は感情価値　Gefühlswert と呼ばれることがある．

　同じ明示的な意味を持ちながら，Löwe と Leu（いずれも「ライオン」），Hose と Beinkleid（いずれも「ズボン」），Frühling と Lenz（いずれも「春」），Gesicht と Antlitz（いずれも「顔」）などは前者が普通の語であるのに対し，後者はいわゆる「詩語」であり「雅語」である．先にあげた Weib はまた雅語として用いられることもある．このような異なりは文体的な価値 Stilwert が異なるという．

7.1.3.2.　多義　Polysemie

　これまでは，一つの語には一つの意味しかないように取り扱って来たが，実は，語は色々の異なった意味を持つのが普通である．この節では語の多義について記す．

　Theodor Storm に Schimmelreiter という作品がある．『白馬の騎手』と訳されている．ここに見るように Schimmel とは「白馬」の意味である．そして Schimmel には「カビ」の意味もある．ein von Schimmel überzogenes Brot というのは「カビがびっしり生えたパン」のことである．この「白馬」と「カビ」の二つは Schimmel という同一単語のもつ異なった意味と取り扱われる．それは，「白馬」の意味が，「カビ」のもつ白い色に由来しているからである．狐色をした馬（日本語では栗毛色の馬という）が「狐」Fuchs というのと同

7.1. 語　　彙

　じ現象である．従ってSchimmelは二つの意味を，さらに，俗語では「月並みな定式」という意味をも持つ．一語が複数の意味を持つことを多義Polysemieと呼ぶ．

　Schloß という語にも「宮殿」と「錠」という二つの意味がある．「錠」は「閉ざす」という意味の動詞 schließen と関連がある．その母音交替による Schloß（この動詞の過去の基本形も schloß である）の形が「閉ざすもの」である「錠」を意味するのである．一方，この語は13世紀以来，mlat. (ex)clusa (Engpaß) の翻訳借用として「防備の固められた場所，城」の意味で用いられ，やがて後に「防備の固められた」という意味合いが消えて，高貴な人の住まう現在の「宮殿」の意味が生じている．このような事情を考えてやはり「宮殿」の意味も，「錠」と関連がつけられ，「宮殿」と「錠」も Schloß という一語の多義と取り扱われる．

　一方，acht の形を持つ語においては，どうであろうか．次の三つの acht を区別することができる．用例とともに示す．

　acht[1]：in acht Tagen　八日たったら＝一週間たったら
　acht[2]：etwas außer acht（新正書法ではAcht）lassen … に注意しない＝
　　　　注意のそとに放置する
　acht[3]：jn. in Acht und Bann tun … を追放の中に置く＝追放する

　この三つの acht は今日，音声形式上は同一の形であるが,歴史的に遡れば，音声形式上も異なった形に由来し,意味の上でもお互いに関連性をもたない．従って，先の Schimmel や Schloß の場合とは異なって，acht においては三つの同音異義語 Homonym が存在すると取り扱う．同音異義であることを Homonymie と呼ぶ．

　先に多義の例として，Schimmel と Schloß を示したが，語 Wort は一般に多義である．それは，数に限りのある形によって，この世界のあらゆることの表現に対処しなければならない言語記号の宿命でもあるだろう．その多義のあり方を Fuchs「狐」の語において観察しよう．

　Fuchs には，次のような意味がある：：1.キツネ，2.老獪な人，3.キツネの毛皮，4.コギツネ座，5.クリゲの馬，6.赤毛の人，7.金貨，8.(学生組合の)新入生．

　まず1.キツネ，これは，この語の中心的な意味である．基本義/中心義 Grundbedeutung と呼ばれる。一方，2.以下の意味は派生義 abgeleitete Bedeutung と呼ばれる。2.の「老獪な人」は，その性質が「キツネのような人」である。5.の「クリゲの馬」は，その毛並みの色が「キツネの毛並みのような馬」，6.の「赤毛の人」は，その髪の毛の色が「キツネの毛のような髪の毛の色をした人」，7.金貨も「キツネの色をした貨幣」であって，いずれも Fuchs 狐とのなんらかの意味での類似を契機とする比喩的な意味 übertragene Bedeutung である。

　3.の「キツネの毛皮」は，「キツネ」全体でもって，「キツネ」の一部である「キツネの毛皮」を指している。全体の Fuchs がその一部である「キツネの毛皮」の名称となっている。このような場合は提喩/代喩 Synechdoche と呼ばれる。

　4.の「コギツネ座」は星座の一つの Vulpecula をドイツで Fuchs と呼んでいる結果である。日本では「キツネ座」と言わずに，「コギツネ（上記ラテン語の訳）座」といっているので，キツネとコギツネとの食い違いが，辞書の中に訳語となってあらわれた。8.の「新入生」の意味も4.と同様に Fuchs の名称が，学生組合の中で「新入生」に与えられた結果である。ちなみに新入生も次の学期には昇格して，Brandfuchs（普通の意味はやはり「栗毛の馬」）と呼ばれるとのことである。

　Wilhelm Schmidt は　形容詞 grün について，その多義性のありようを次のように示している。

A *grün*es Gras　緑の草，*grün*er Wald 緑の森，*Grün*zeug　青物・野菜，das *grün*e Kleid　緑のドレス

B *grün*e Ware　新鮮な野菜，*grün*es Holz 生乾きのまき，*grün*e Bohnen さやいんげん

C *grün*es Obst　緑の（未熟の）果物

D *grün*e Heringe　生のにしん，*grün*es Speck　生のベーコン，*grün*e Klöße 生の団子

E Gasthaus zur *Grün*en Hoffnung　緑の希望亭（料亭の名）

F jemandem nicht *grün* sein … に好意を抱いていない；Mädele ruck, ruck, ruck, an meine *grün*e Seite　お嬢さん，さあ，さあ，さあ，私の左側（＝仲良くしてくれる側）に（Volkslied）

G ein *grün*er Junge 未熟な男の子；*Grün*schnabel　青二才（＜緑の嘴）

7.1. 語　　彙

　この七つの意味の間の関連性をSchmidtは次のような図において示している。

　まず，中央のAはgrünの主要意味/中心義Hauptbedeutungである。それは「緑の」という色彩をあらわす。次いで，その主要意味にBのfrisch「新鮮な」とCのunreif「未熟な」が連なる。「緑の」野菜は「新鮮」であり，緑の

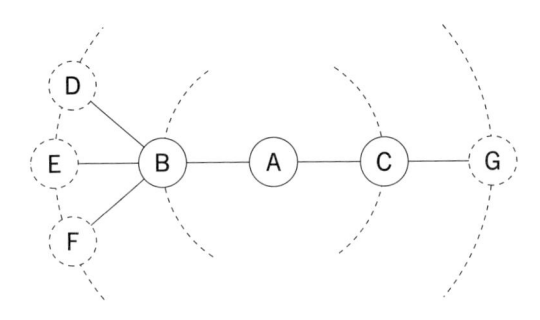

```
        D
       /
   E — B — A — C — G
       \
        F
```

果物は「未熟な」ものであるという関連性がある。

　さらにBに連なるものにDのfrisch, roh「生の」の意味，Eのlebenskräftig, lebendig, hoffnungsvoll「生き生きした」，Fのgünstig, gewogen, hold「好意をもつ」がある。Dの意味はgetrocknet「乾燥した」，gesalzen「塩づけの」，geräuchert「燻製の」，gekocht「煮た」など，すなわちkonserviert「保存用の」に対立する意味である。

　またCに連なるGの意味はcharakterlich, geistig unreif「性格的・精神的に未熟な」の意味である。

　ここで注意すべきことは，Aの意味が歴史的に見て，最初の始まりの意味である原義Ausgangsbedeutungという意味での基本義Grundbedeutungではないということである。grünの原義はwachsend「成長する」，sprießend「発芽する」，gedeihend「繁茂する」である。grünに対応する英語はgreenであるが，語源を同じくする語にgrow「成長する」がある。同様の事情が日本語にもあるらしい。「みどり」は本来，色の名というよりは「草木の新芽」をあらわしたものではないかと推定されている。もしもそうなら「赤ん坊」を「みどりご」といい，「黒髪」を「みどりの黒髪」というのも納得できる。

7.1.3.3. 同音異義語

　先にachtの例で示したように，起源が異なる同音の語を同音異義語Homonym（複数は Homonyme）と呼ぶ．

　起源が同じでも，意義の上での関連性が感じられなければ，一語の多義でも同音異義と扱われる．「城」の Schloß と「錠」の Schloß，あるいは「翼」の Flügel と「グランドピアノ」の Flügel は，辞書の中では一語の多義と取り扱われるのが普通であるが，今日の意識を尊重するならば，それぞれ二つの異なる同音異義語とすべきであろう．

　同音異義語とは別に，綴字が同一であるのに発音が異なり，意味も異なる場合は同綴異義語 Homograph（複数は Homographe）と呼ばれる．また発音は同じだが綴字が異なる場合には異綴同音語 Homophon（複数は Homophone）と呼ばれる．

　以下にそれぞれの主要な例を掲げる：

同音異義語（綴りも発音も同じであるが意味が異なるもの）

Band m.	（書物の）巻	複数は Bände
Band n.	リボン	複数は Bänder
Band n.	きずな	複数は Bande
Bank f.	ベンチ	複数は Bänke
Bank f.	銀行	複数は Banken
Bauer m.	農夫	複数は Bauern
Bauer n.(m.)	鳥篭	複数は Bauer
Bund m.	連盟	複数は Bünde
Bund n.	包み	複数は Bunde
Erbe m.	相続人	複数は Erben
Erbe n.	遺産	複数なし
Flur m.	廊下	複数は Flure
Flur f.	平野	複数は Fluren

7.1. 語　　彙

Gehalt m.	内容	複数なし
Gehalt n.	給料	複数は Gehälter
Gift f.	贈り物	複数なし
Gift n.	毒薬	複数は Gifte
Heide m.	異教徒	
Heide f.	荒れ野	複数はいずれも Heiden
Hut f.	保護	複数なし
Hut m.	帽子	複数は Hüte
Kiefer m.	顎	複数は Kiefer
Kiefer f.	赤松	複数は Kiefern
Kunde m.	顧客	複数は Kunden
Kunde f.	情報	複数なし
Leiter m.	指揮者	複数は Leiter
Leiter f.	梯子	複数は Leitern
Mark f.	マルク（貨幣）	複数は Mark あるいは Markstücke
Mark f.	辺境	複数は Marken
Messer m.	計器	
Messer n.	ナイフ	複数はいずれも Messer
Reis m.	米	複数なし
Reis n.	小枝	複数は Reiser
Schild m.	楯	複数は Schilde
Schild n.	看板	複数は Schilder

語彙・造語

Steuer f.	税金	複数は Steuern
Steuer n.	舵	複数は Steuer
Strauß m.	花束	複数は Sträuße
Strauß m.	駝鳥	複数は Strauße
Stift m.	釘・鉛筆	複数は Stifte
Stift n.	修道院	複数は Stifte(r)
Tau m.	露	複数なし
Tau n.	綱	複数は Taue
Verdienst m.	収入	複数なし
Verdienst n.	功績	複数は Verdienste
Weise m.	賢者	
Weise f.	方法・メロディー	複数はいずれも Weisen

同綴異音語（綴りは同じであるが発音が異なるもの）
    modern　　[móːdərn]　　腐敗する
    modern　　[modérn]　　近代的な

    Tenor　　[tenóːr]　　テノール
    Tenor　　[téːnɔr]　　主旨

異綴同音語（綴りも意味も異なるが発音が同じであるもの）
    malen　　　描く
    mahlen　　　粉をひく

    Waise f.　　孤児
    Weise f.　　方法・メロディー

7.1. 語　　彙

Moor n.　　湿地草原
Mohr m.　　ムーア人

◇ 品詞が異なるが同音異義語である場合もある：
Arm m.　　腕
arm 形　　貧しい

Reich n.　　国
reich 形　　豊かな

Reif m.　　霜/腕輪
reif 形　　熟した

7.1.3.4. 成分分析について

　成分分析 Komponentenanalyse とは語の意味を，その意味を構成している成分に分けることである。これは音韻論において，音素 Phonem が「音韻的に有意味な諸特徴の総体」die Gesamtheit der phonologisch relevanten Eigenschaften と考えられ，そして，そのような特徴が弁別的特徴/弁別的素性 distinktives Merkmal（英 distinctive feature）に分析される手続きを意味の面に適用したものである。そのような手続きの分析に用いられる意味的な特徴を意味成分 semantische Komponente，あるいは意味的特徴 semantisches Merkmal と呼ぶ．

以下に具体的な分析の例を示す．
　動物について
　　Stier　（雄牛）：　＜＋Rind＞　　＜＋männlich＞
　　Kuh　　（雌牛）：　＜＋Rind＞　　＜−männlich＞
　　Hengst （雄馬）：　＜＋Pferd＞　＜＋männlich＞
　　Stute　（雌馬）：　＜＋Pferd＞　＜−männlich＞
　＜　＞の中に意味的特徴を記した上，その特徴が認められることを(＋)の記号で，その特徴のないことを（−）の記号で示している．

◇ ＜　＞の中の Rind, männlich などは，意味的特徴の分析を記述するための語である．記述のための語は「メタ言語」Metasprache と呼ばれる．

Frau（女）は次のように分析される．
　＜＋menschlich＞　＜＋weiblich＞　＜＋erwachsen＞
　　　人間　　　　　　女性　　　　　　成人
親族名称の中の Bruder と Schwester は次のように分析される．
　Bruder：
＜＋menschlich＞　＜＋direkt verwandt＞　＜＋gleiche Generation＞,
　　人間　　　　　　直系親族　　　　　　　同世代
＜＋männlich＞
　　男性
　Schwester：
＜＋menschlich＞　＜＋direkt verwandt＞　＜＋gleiche Generation＞
　　人間　　　　　　直系親族　　　　　　　同世代
＜＋weiblich＞
　　女性

　このような分析は，普通，明示的意味 denotative Bedeutung をもっぱら対象とする．従って，すべての意味の説明に適用されるわけではないが，類義語や反対語との対立関係や，他言語の語の意味との異なりなどをはっきり示すことができる．
　例えば次に掲げるものは親族名称について Bußmann の *Lexikon der Sprachwissenschaft* の Komponentenanalyse の項に示されたものであるが（原図は Bierwisch），親族名称全体の中で個々の名称の関係をはっきり見て取ることができる．

7.1. 語　　彙

◇下の表で0と記されたところはBierwischの表では空欄であった．

Merkmale	Verwandter	Eltern	Vater	Mutter	Geschwister	Bruder	Schwester	Kind	Sohn	Tochter	Onkel	Tante	Cousin	Cousine	Neffe	Nichte
[Lebewesen]	+	+	+	+	+	+	+	+	+	+	+	+	+	+	+	+
[Mensch]	+	+	+	+	+	+	+	+	+	+	+	+	+	+	+	+
[verwandt]	+	+	+	+	+	+	+	+	+	+	+	+	+	+	+	+
[direkt verwandt]	(−)	+	+	+	+	+	+	+	+	+	−	−	−	−	−	−
[gleiche Generation]	0	−	−	−	+	+	+	−	−	−	−	−	+	+	−	−
[älter]	0	+	+	+	0	0	0	−	−	−	+	+	0	0	−	−
[männlich]	0	0	+	−	0	+	−	0	+	−	+	−	+	−	+	−
[weiblich]	0	0	−	+	0	−	+	0	−	+	−	+	−	+	−	+
[Plural]	0	+	0	0	+	0	0	0	0	0	0	0	0	0	0	0

　この表で＋はその特徴のあること，−はその特徴のないことが示されている．[männlich]と[weiblich]の項で，その性質のありなしが対立的に現れている．

　なお0はその特徴が，その語の意味の成立に関与しないということ，つまり，その特徴があってもかまわず，また，なくてもかまわぬということを意味する．この表の中でいえば，たとえば[Plural]の特徴のあることがEltern の「両親」とGeschwisterの「兄弟姉妹」の意味の成立の絶対条件である，つまりその特徴はその意味の成立に関与しているが，その他の場合には関与していない，つまり無関与であることを意味する．関与的であることをrelevant，非関与的であることをirrelevantという．

　BruderとSchwesterにおいて[älter]が0になっているが，日本語のアニ（兄）アネ（姉）では，この特徴が＋，そしてオトート（弟），イモート（妹）では−となる．あるいは[jünger]という特徴を加えると，その特徴がオトート，イモートでは＋になる．このようにこの成分分析は対照的な考察の際に有効である．

　Verwandterについて[direkt verwandt]の項の−に（　）がついているのは，この語は直系親族でないことをあらわす場合が多いが，直系親族である人物についても用いることがあるという事情を示しているのであろう．

7.1.4. 語彙の構造

7.1.4.1. 語のつながり

　一つの語は，語彙全体の中で孤立しているわけではなくて，なんらかの共通性をもつものが心の中で繋がりを持って存在している．そのことを明晰に示した図がある．Ferdinand de Saussure の『一般言語学講義』1916年の中（小林訳 176ページ）に掲げられているものである．

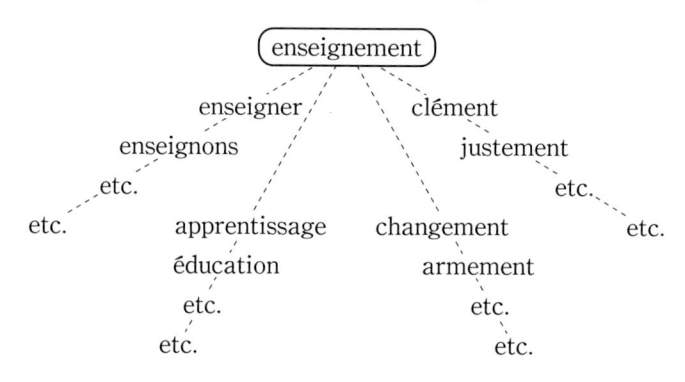

```
                    enseignement
              enseigner        clément
          enseignons              justement
        etc.                         etc.
   etc.    apprentissage   changement   etc.
           éducation       armement
             etc.             etc.
           etc.              etc.
```

　この図の示しているのは次のことである．まず一番左は，enseignement という名詞が enseigner という動詞ならびにその動詞の全ての変化形とつながりをもっているということ，次には，その enseignement という名詞が apprentissage−éducation などの，いわゆる類義語とつながっていること，次いでは enseignement の語が，他の，同様に動詞語幹に -ment を付して構成された動作名詞ともつながりをもっていること，最後の右側の列は意味あるいは文法的な形成法のいかんを問わず，その形が -ment に終わるという音声上の一致による語とのつながりである．

　『一般言語学講義』には Herman Lommel によるドイツ語訳，*Grundfragen der Sprachwissenschaft*　Berlin und Leipzig 1931がある．以下に，その151ページに示されたドイツ語に置き換えられた図を示す．

　同様のことを，すでに Hermann Paul も *Prinzipien der Sprachgeschichte* 1880の中の第5章「類推」の冒頭で指摘している．「個々の語は心の中で牽引

7.1. 語　　彙

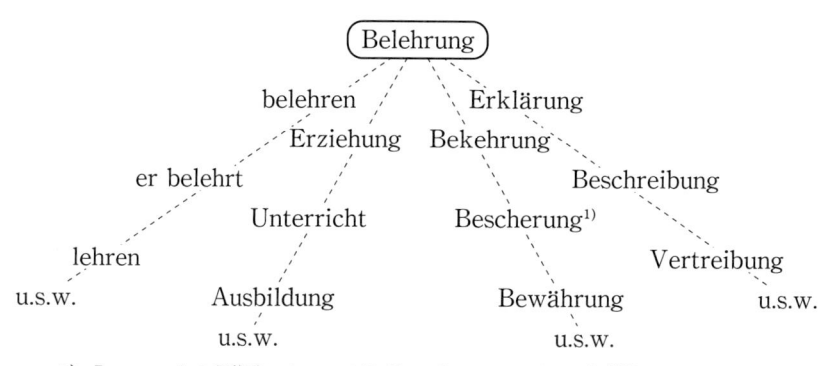

```
                    ┌─────────┐
                    │Belehrung│
                    └─────────┘
         belehren        Erklärung
            Erziehung  Bekehrung
    er belehrt                    Beschreibung
              Unterricht    Bescherung¹⁾
    lehren                              Vertreibung
 u.s.w.      Ausbildung      Bewährung       u.s.w.
                u.s.w.          u.s.w.
```

1) Lommel の原図においては Bescheerung という綴りになっている．

され，これによって，大小の集団が多数に発生する．相互に牽引し合うのは，必ず，音韻，あるいは意義，または，同時に音韻と意義とが部分的に一致しているからである．」（『言語史原理』福本喜之助訳94ページ）

　以下にこのような関係を Wortfamilie, Synonym, Antonym などの問題として述べる．

7.1.4.2.　単語家族

　Wortfamilie/Wortsippe 単語家族とは，同一の語根から造られている一連の語の全体を指す．たとえば動詞 fahren を中心として，fahr- の語根を共有する語には次のようなものがある．

　　fahren および接頭辞による派生動詞

　　　fahren, abfahren, anfahren, auffahren, ausfahren, befahren, davonfahren, durchfahren, einfahren, entfahren, erfahren, fortfahren, herfahren, heranfahren, herausfahren, herumfahren, hinfahren, hinausfahren, hineinfahren, losfahren, mitfahren, nachfahren, radfahren, überfahren, umfahren, unterfahren, verfahren, vorfahren, vorbeifahren, vorüberfahren, weiterfahren, widerfahren, zerfahren, zufahren, zurückfahren, zusammenfahren

　fahr- に接尾辞のついた派生名詞，派生形容詞，およびそれらに接頭辞のついたもの

　　　Fahrer, Autofahrer など

Fahrt, Autofahrt など
fahrbar, befahrbar, unbefahrbar など
名詞 Fahrt からの接頭辞あるいは接尾辞による派生名詞
Durchfahrt, Herfahrt, Hinfahrt, Überfahrt, Vorfahrt, Zufahrt, Rückfahrt
Fährte, Gefährte など
形容詞 fertig も fahren の単語家族に属する。
◇ fertig は ahd. fertīg の形であり、元来は「Fahrt の準備ができている」という意味であった。
さらに fertig からの派生動詞 fertigen、および fertigen からの派生名詞 Fertigung や派生動詞 rechtfertigen なども、この単語家族の成員である。*Kleine Enzyklopädie. Die Deutsche Sprache. Erster Band* の539ページには、この動詞 fahren を中心にして、これらの成員が図示されている。

同書540ページには、drohen（脅かす）の単語家族も示されている。

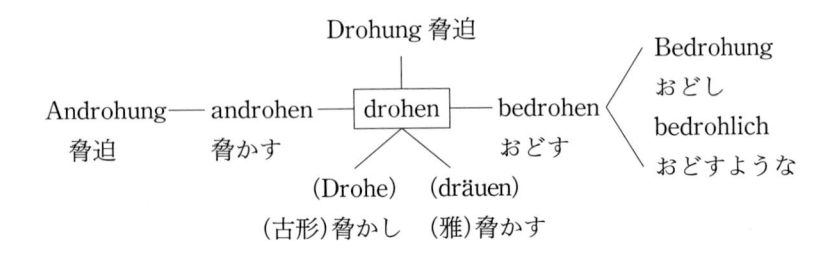

```
                         Drohung 脅迫
                                            ╱ Bedrohung
                                           ╱   おどし
Androhung ── androhen ── drohen ── bedrohen
  脅迫        脅かす                おどす  ╲  bedrohlich
                          ╱    ╲               ╲ おどすような
                      (Drohe)  (dräuen)
                    (古形)脅かし  (雅)脅かす
```

これと似た把握の仕方に Fächerung（扇開/扇状派生）がある。たとえば rot（赤い）という形容詞を扇（Fächer）の要にして rötlich「赤みがかった」、das Rot「赤さ」、die Röte「赤さ」、die Rötung「赤くすること」、röten「赤くする」、sich röten「赤くなる」、erröten「赤面する」などの派生語を扇状に展開させたものである。

この Fächerung が Wortfamilie と異なる点は、これが共時的な意味的関連を重視して考えられていることである。従って、最後の erröten を rot の単語家族の中に加えてもよいのかどうかが問題になってくる。確かに erröten は rot からの派生語である。しかし「恥ずかしさで顔が赤くなる」という語は心理表現であって色彩表現ではない。また erröten には他の語とは異なって

「物」についてではなく,「人」についてのみ用いられるという制約もある。erröten は,このように rot と無関係ではないとはいうものの,他の語と並んで,なお,同じ rot の Fächerung の成員でありうるかいなかは微妙なところである.

形容詞 höflich「ていねいな」は名詞 Hof（宮廷・館・屋敷）からの派生語であるという意味で,確かに Hof の Wortfamilie の一成員である.しかし,意味上の関連においては Hof とはもはやつながりをもたないので, Hof の Fächerung には連なりえない.同様に,形容詞 häßlich「みにくい」は確かに名詞 Haß「憎しみ」よりの派生形容詞である.その意味で häßlich は Haß の単語家族の成員である.しかし,「みにくい」と「憎しみ」はもはや意味上のつながりをもってはいないであろう.したがって häßlich は Haß の Fächerung には連なりえない.

先にも記した fertig は fahren と同じ家族であったが,今日 fertig は意味の上で fahren との関係を持たないので, fahren の Fächerung の中には入らないであろう.

7.1.4.3. 語場

語 Wort の意味を考えるときに,その語を単独で考えるのではなく,相互に関連しあったまとまりの中でとらえようとする考えがある.その一つが語場 Wortfeld である.語場とは,ある意味的なまとまりの領域を指す.語彙的な場 lexikalisches Feld あるいは意味場 Bedeutungsfeld という言葉もある.

たとえば学校の成績表において gut という評価がなされた場合,この gut が以下に示すように,何段階のいずれの評価による位置づけであるのかによって価値が異なる.

　4段階の場合
　　sehr gut－gut－genügend－mangelhaft
　5段階の場合
　　sehr gut－gut－genügend－mangelhaft－ungenügend
　6段階の場合
　　sehr gut－gut－befriedigend－ausreichend－mangelhaft－
　　　　　　　　　　　　　　　　　　　　　　　　　　　ungenügend
つまり gut という評価は,いずれの場合においても sehr gut の次に位置す

る二番目の評価であるが，その gut の後に，さらに幾つの評価が続くのかによって価値が異なって来る．このような全体の中の関係で得られる価値を位置価値 Stellenwert と呼ぶ．

さらに注意すべきことは，ここで決まる gut その他の形容詞の価値はその成績評価という場の中でしか通用しないということである．日本語にも「優・良・可」という三段階の成績評価がありうるが，その「可」という語それ自体の意味は，成績表の中ではなくて通常の意味ならば「よい」という意味である．「可否」の投票で「可」ならば「否」の反対，「可もなく不可もなし」においては「不可」の反対である．

そして，ドイツ語のsehr gut という評価は，もしも，その上に mit Auszeichnung という評価（日本語の「秀」に相当）が加われば，最高の成績ではなくなる．日本の大相撲の「大関」の地位は元来は番付の中の最高の地位であった．しかし「横綱」ができてからは第二の地位となった．大関の位置価値が変わったのである．

そのような位置価値の歴史的な変化を Trier はドイツ語における知性 Verstand の語場の変化において示した．1200年頃は kunst が宮廷に関する教養を，list が庶民の技能を，そして wîsheit がどちらをも指した．100年後の1300年には，wîsheit は宗教的な叡知を示し，kunst は芸術を示し，一般の知識は wizzen が表すようになった．知性の場における wîsheit の価値は変わったのである．次に掲げる図は Guiraud によるものである．

1200	1300
kunst	wîsheit
宮廷に関する教養	宗教的「叡知」
list	kunst
庶民の技能	「芸術」に近づく
wîsheit	wizzen
どちらをも指す	一般の「知識」

これまでに「温度」，「色彩」，「親族名称」などの場の存在が指摘されている．

7.1. 語　　彙

　以上とは異なった別の意味での語のつながり方も指摘されている．Porzig は *Wesenhafte Bedeutungsbeziehungen* (1934) という論文の中で

gehen	—	Füße	歩く	— 足
greifen	—	Hand	摑む	— 手
sehen	—	Auge	見る	— 目
hören	—	Ohr	聞く	— 耳
lecken	—	Zunge	なめる	— 舌
küssen	—	Lippen	キスする	— 唇

などの組を考え，これらの組を構成する二つの語は語源的にではなく，ある重要な意味関係（＝本質的意味関係 wesenhafte Bedeutungsbeziehungen）によって関連しあっているとする．つまり「歩く」のは「足」で，「摑む」のは「手」でなどという関係の指摘である．さらに，Porzig は隠喩 Metapher の成立をこの関係で規定する：

　　Eine Metapher ist also die Verbindung von Gliedern zweier Bedeutungsfelder zu einem sinnvollen Ausspruch.（隠喩はつまり二つの意味の場の構成要素が結びあって一つの意味ある発話となったものである．）

たとえば Flammen lecken「めらめらほのおがなめる」という隠喩は，Zunge「舌」—lecken「なめる」という本質的な関係の中の Zunge の位置に brennen と本質的な関係に立つ Flammen が重なり合って成立しているのである．

```
 (Zungen)      ┌── lecken
 Flammen ──────┘  (brennen)
```

　この「本質的意味関係」と同様の考えが E. Leisi にある．Das Wasser fließt「水は流れる」，Der Wind weht「風は吹く」などの示すように，動詞 fließen の主語は液体，wehen の主語は気体でなければならない．Leisi はこの関係を semantische Kongruenz　意味論的一致と呼ぶ．

　Porzig の wesenhafte Bedeutungsbeziehungen や Leisi の semantische Kongruenz の関係は syntaktisches Wortfeld シンタクス的な語場と呼ばれることがある．これに対して，最初に記したような Wortfeld は paradigmatisches Wortfeld　連合関係的語場　と呼ばれる．この両方を指すものに sprachliches Feld　言語的な場　という言い方がある．

7.1.4.4. 同義語・類義語

　ドイツ語で Synonym (複数形は Synonyme) というのは，お互いに意味が等しく，あるいは似ていて，場合によっては取り替えてもかまわない関係の語をいう．日本語では等しい場合を同義語，似ている場合を類義語と呼んで区別する．しかし，意味が全く等しいということは稀である．

　例えば

「サクランボは，もう熟れている」という意味をあらわすのに，次の二つの文が可能である：

　Die Kirschen sind *schon* reif.

　Die Kirschen sind *bereits* reif.

　同様に次の二つの文は

　Draußen ist es *schon* dunkel.

　Draußen ist es *bereits* dunkel.

「そとは，もう暗い」をあらわすことができる．このような場合には schon と bereits は同義語であるといえる．

　しかし，この二つはいつも取り替え可能というわけでもない．たとえば，schon は「すでに起こったことに関してだけではなく，これから起こるべきことについても用いられる．その場合，その事柄が遅滞なく，すみやかに起こるというニュアンスが加わることが多い」．このような用法は bereits の方にはない．とするならば schon と bereits は完全に同義ではない．

　一般論でいえば，完全な同義語が存在するとしたら，その両方が共に存在しているという理由がなくなるであろう．二つの語がともに存在している限りは，なんらかの意味での違いがあるはずである．従って，同義語は理論上も，また現実的にも存在しえず，ただ意味が互いにきわめて似ている類義語があるだけであろう．それを普通，同義語と呼んでいるのである．

　以下に，ドイツ語の類義語について，どのように類義語の間の相違があるのかを眺めてみよう．

外来語対ドイツ語の場合

　　Grazie /Anmut　　優美・優雅

　　Telefon/Fernsprecher　　電話

　　◇　日本語では「カメラ・写真機」「スライド・幻灯」などの例がある．

7.1. 語　　彙

命名契機の異なる場合
　「掃除婦」を意味するのに Putzfrau, Putzhilfe, Raumpflegerin などの語がある。「掃除・婦」,「掃除・手伝い」,「部屋の世話をする婦人」などという命名契機の差があらわれている。

一方が古風に響く場合
　abergläubisch/abergläubig のどちらも「迷信的な」の意味であるが,前者の方が普通の表現であるのに対し,後者の方は古風である。

一方に更に意味特徴の加わる場合
　sehen/gaffen はともに「見る」を意味するが後者にはさらに「驚いて・ぽかんとして・あんぐりと口をあけて」などの意味が加わる。
　schreiben/kritzeln どちらも「書く」を意味するが,後者には「下手な字を」「(書き)なぐる」などの意味が加わる。

文体の層 Stilschicht が異なる場合
　「顔」をあらわす語に次のような語がある。Gesicht/Antlitz/Visage/Fresse
→ 7.1.4.6. 語の文体相

地方による異なりである場合　（次頁の図参照）
　「土曜日」をあらわすのに Sonnabend/Samstag の二つの語がある。前者は北ドイツの,後者は南ドイツの表現であったが,今日では Samstag の方が全国的に用いられる傾向にある。Mittwoch を除く他の曜日はすべて -tag で終わるので,それにならって Samstag の方が選ばれるのであろう。また Samstag の方を選ぶとカレンダーなどで「土曜日」と「日曜日」をそれぞれ Sa, So と略すこともできるなどがある。
　「肉屋」の語にも地方による異なりがある。Fleischer/Metzger/Schlachter/Schlächter/Fleischhauer など。

上位概念と下位概念の場合
　たとえば上位概念の「薬」をあらわす Medikament に対して,次のような語がある：Tablette（錠剤）, Kapsel（カプセル）, Dragée（糖衣錠）, Pille（丸薬・錠剤）, Tropfen（滴薬）, Zäpfchen（座薬）。
　◇　Medikament のような「上位概念語」を Hyperonym, Tablett などの「下位概念語」を Hyponym と呼ぶ。

語彙・造語

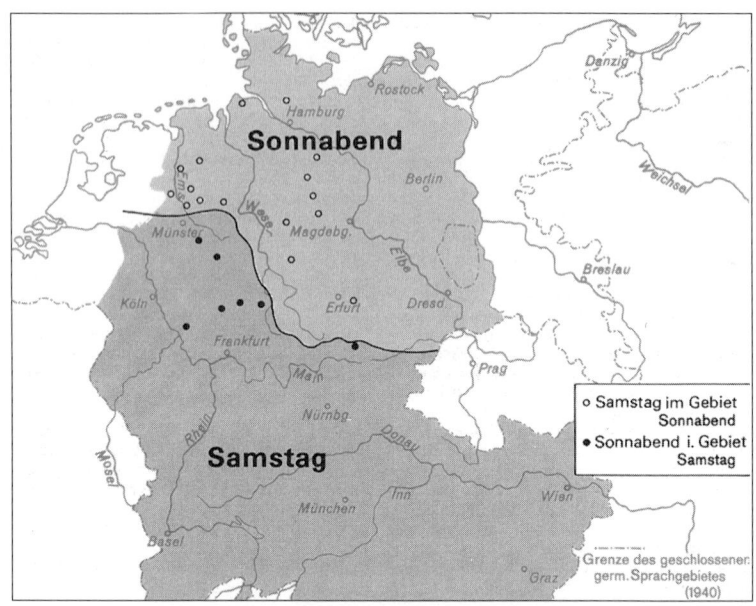

Sonnabend/Samstag の分布（*dtv-Atlas. Deutsche Sprache* による）

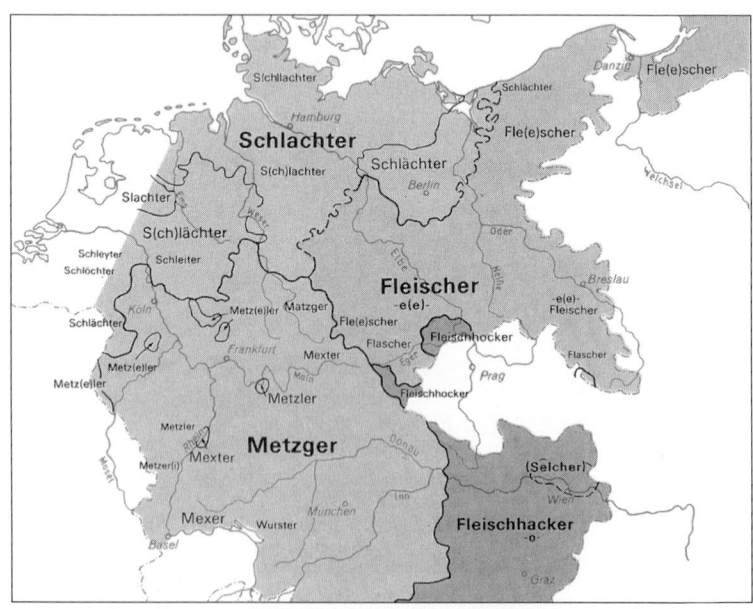

Fleischer/Metzger などの分布（*dtv-Atlas. Deutsche Sprache* による）

7.1. 語彙

7.1.4.5. 反義語 Antonym

意味が反対の語を反義語 Antonym と呼ぶが，その反対関係にも次の三つを区別することができる。

1．対極的反対関係 kontradiktorisch

Mann/Frau：「男」であれば「女」でない。「女」であれば「男」でないというように，一方であれば他方でなく，その中間を考えることができないという関係を対極的反対関係という。また相補的な関係ともいう。

他の例をあげれば Leben―Tod, Osten―Westen, rechts―links, oben―unten, vor―hinter

　◇　男女の反対関係も，文法上の性の場合，中性という第三のものが入ってくると，この関係は成立しなくなる。

　　Osten―Westen の反対関係も Norden―Süden が加わってくると反対関係が弱まる。

2．相対的反対関係 konträr

gut/schlecht（よい/わるい）の場合には，前項の場合とは異なって，gut でもなく schlecht でもないという中間段階が考えられる。つまり連続した段階の両極端が gut あるいは schlecht なのである。alt―jung, warm―kalt, lang―kurz, dick―dünn, hoch―niedrig, breit―eng, groß―klein などの関係がそうである。

前項の対極的反対関係の場合には，一方を否定すれば必ず他方になる。しかし，この相対的反対関係の場合には，そうではない。gut を否定しても，必ずしも schlecht であるとは限らない。

また，この反対関係においては，程度の高い方に，その反対関係が中和された用法がある場合がある。つまり Wie alt bist du？君、年はいくつ？という場合の alt は jung の反対の alt ではなく，alt―jung の両極の中のどこに位置するかを尋ねるものなのである。Wie *viele* Kinder haben Sie？お子さんは何人おありですか？の viel も「多さ」の程度（多いこともあり，少ないこともある）をたずねているのであって，決して「多い」という意味なのではない。Wie *lange* bleibst du hier？における lange も同様，長い/短いの対立が中和された場合であって，「長く」という意味ではない。

3．相関的反対関係 konvers

kaufen―verkaufen（買う―売る）のように同一事態をどちらから見るかと

いう関係である．Eltern—Kinder（両親—こども）においても，「両親」からみての「こども」であり，「こども」からみての「両親」である．「こども」と呼ばれた人も，他の「こども」から見ると「両親」の位置に来ることがありえよう．Eingang—Ausgang（入口—出口）の関係も出入りの方向が逆なのである．場合によっては，同一の入口が出口となることもある．

　◇　反義語が一方の打ち消しによって造られることもある．例 möglich よりの unmöglich, Raucher よりの Nichtraucher．

7.1.4.6.　語の文体相　Stilschicht

　日本語で例をあげるならば，「父」という語と「おやじ」という語はどのように異なるか．どちらも，ドイツ語に直せば Vater という意味であって，その意味ではこの二つは同義語である．しかし，「父」が普通の言葉遣いであるのに対して，「おやじ」には，どことなくくだけた感じがある．Buch をあらわす「本（ほん）」と「書籍」とを比べると「本」が普通の語であるのに対して「書籍」は，それが漢語に由来することからも来る，改まった，場合によっては堅苦しい感じがある．このような語のもつ性格を語の文体相/文体レベル/位相 Stilschicht/Stilebene として捉えることができる．

　次に掲げる表は，ドイツ語におけるこのような異なりを示すものとして，普通の言葉遣いである normalsprachlich「標準的な言葉遣い」—その中に umgangssprachlich「日常的な言葉遣い」を含む—のほかに，gehoben「格調が高い言葉遣い」—その中に dichterisch「詩的な言葉遣い」を含む—，salopp-umgangssprachlich「通俗的な言葉遣い」，vulgär「卑俗な言葉遣い」の三つを設定して，それぞれに，普通の言葉遣いである bekommen「受け取る」，sterben「死ぬ」，Flügel「翼」，Gesicht「顔」および他の文体相のそれぞれの語例を配置したものである．

　これらの語例をそのまま日本語に移し変えることは出来ないが，日本語でも「死ぬ」の語に対して，「みまかる，亡くなる，くたばる」など，「顔」に対しても「かんばせ，おもて，つら」などの語が存在することが想起されるであろう．

7.1. 語　　彙

文体相＼語の意味	受け取る	死ぬ	翼	顔
dichterisch 詩的	empfangen erhalten	ableben entschlafen	Fittich	Angesicht Antlitz
gehoben 格調が高い			Schwinge	
normalsprachlich 標準的	bekommen	sterben	Flügel	Gesicht
umgangsspr. 日常的	kriegen			
salopp-umgangs- sprachlich 通俗的		abkratzen		
vulgär 卑俗的		krepieren verrecken		Fresse

　　Wörterbuch der deutschen Gegenwartssprache
　　Hrsg. von R. Klappenbach und W. Steinitz, Berlin 1968による

7.1.5. ドイツ語の方言について

　ドイツ語の方言区分は，第二次子音推移と関係している．すなわち，その子音推移を経ている南の地域と推移を経ていない北の地域という二区分がなされる．子音推移を経ている地域のドイツ語を高地ドイツ語 Hochdeutsch と，そして，それを経ていない地域のドイツ語を低地ドイツ語 Niederdeutsch と呼ぶ．高地ドイツ語はさらに，その子音推移の度合によって，中部ドイツ語 Mitteldeutsch　と上部ドイツ語 Oberdeutsch とに区分される．現在の標準的なドイツ語は高地ドイツ語が共通語の形となったものである．

　G. Wenker は Düsseldorf のすべての地域の学校に42の文を送って，それをその土地の方言に翻訳させた．その結果を地図に表して見ると語によって

異なる境界が見られた (1881年)．このような境界線を等語線 Isoglosse という．

ドイツ語の重要な Isoglosse に Benrather Linie あるいは maken/machen-Linie がある．Aachen 北方を通り，Düsseldorf の西方 Benrath でライン河を横切る線である．この線の北側では maken の形が，南側では machen の形が用いられる．同様の Isoglosse に Ürdinger Linie あるいは ik/ich-Linie がある．Ürdingen でライン河を横切る線であり，部分的には Benrather Linie よりも北である．この線の北側では ik の形が，南側では ich の形が用いられる．このようにこの二つの線は完全には一致していないが，概ねこの二つの線が　低地ドイツ語 Niederdeutsch と高地ドイツ語 Hochdeutsch との境界線となる．

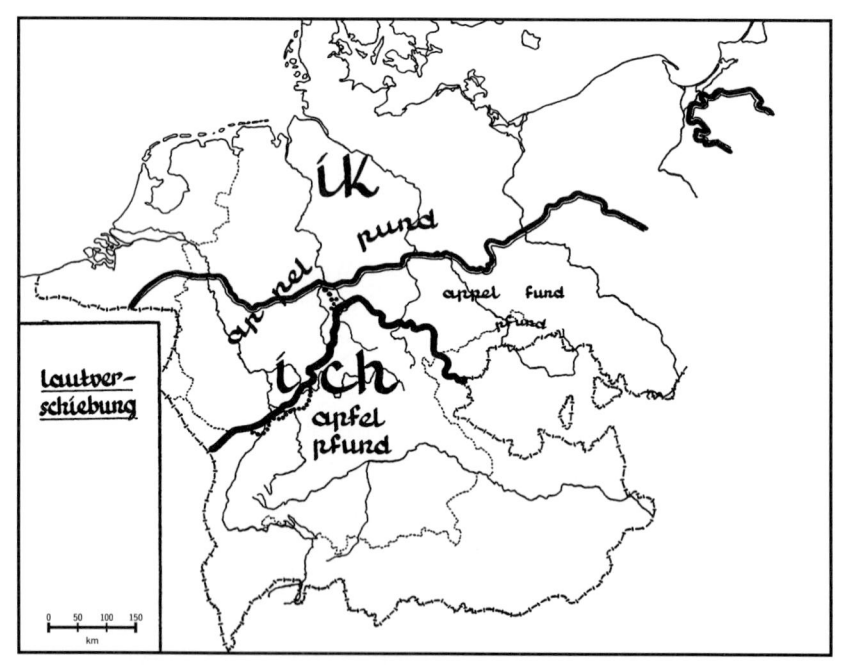

子音推移 (Frings: *Grundlegung einer Geschichte der Deutschen Sprache* による)
　ik/ich の対立および appel/apfel の対立が二つの等語線で示されている．また pund, pfund, fund などの形が行われる地域も付記されている．

7.1. 語　　彙

◇　Niederdeutsch の ik や maken の形は第二次の子音推移を経ていない形である。一方，Hochdeutsch の ich や machen の形はその推移を経た形である。

Hochdeutsch を Mitteldeutsch と Oberdeutsch に区分する線に appel/apfel-Linie と呼ばれるものがある。この線の北側では「林檎」を意味する語が appel の形を，南側では apfel の形を示す。

◇　Mitteldeutsch の appel は子音推移を経ていない形である。一方 Oberdeutsch（および共通語の形）の apfel（正書法では名詞なので Apfel と書かれる）は推移を経ている形である。

以上のおおよその輪郭の中でドイツ語の方言は次の表に示すように区分される。

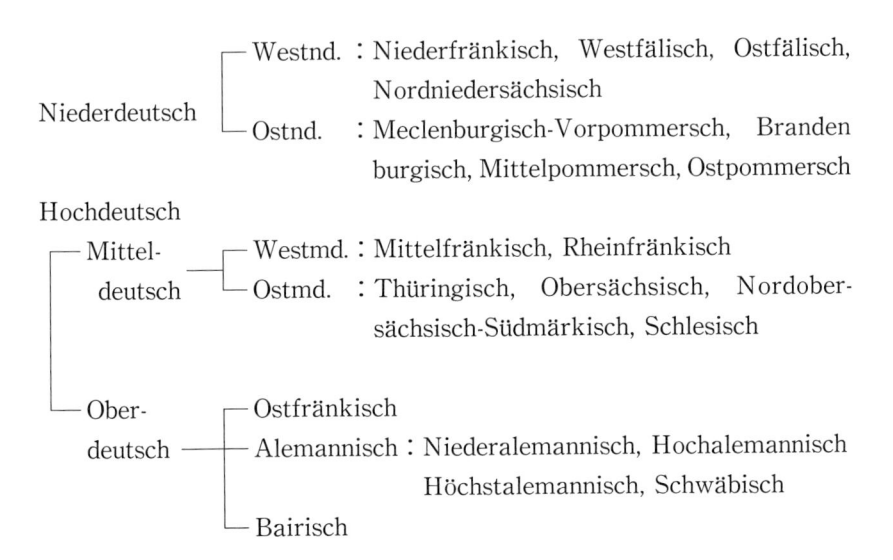

```
Niederdeutsch ┬─ Westnd. : Niederfränkisch, Westfälisch, Ostfälisch,
              │            Nordniedersächsisch
              └─ Ostnd.  : Meclenburgisch-Vorpommersch, Brandenburgisch,
                           Mittelpommersch, Ostpommersch

Hochdeutsch
├─ Mittel-   ┬─ Westmd. : Mittelfränkisch, Rheinfränkisch
│  deutsch   └─ Ostmd.  : Thüringisch, Obersächsisch, Nordober-
│                         sächsisch-Südmärkisch, Schlesisch
│
└─ Ober-     ┬─ Ostfränkisch
   deutsch   ├─ Alemannisch : Niederalemannisch, Hochalemannisch
             │                Höchstalemannisch, Schwäbisch
             └─ Bairisch
```

方言区分と等語線との関係について若干補足しておく。

ik/ich-Linie の北側，すなわち低地ドイツ語では，高地ドイツ語の Schaf, groß, lassen, rauchen の形に対して，schâp, grôt, lâten, rôken の形が用いられる。それぞれ対応する英語の形は sheep, great, let である。最後の rauchen は名詞 Rauch からの派生語であり，対応する英語の形は reek である。

なお先にも記したように，ik/ich-Linie と maken/machen-Linie とは完全に同じではないので ich という人が必ずしも mache というわけではない．
　appel/apfel-Linie で中部ドイツ語と上部ドイツ語に分けられる．他の例をあげると，Pferd, Pfund の形が中部ドイツ語では perd, pund となる．これと平行して，音韻とは別の問題であるが，造語に関することとして，中部では縮小の接尾辞 -chen が用いられるのに対して，上部では -le (共通語形は -lein) が用いられる．
　中部ドイツ語を東西に区分するものに，さらに語頭の p 音の現れ方の異なりがある．先に記した perd, pund の形を示すか，ferd, fund となるかによって西中部ドイツ語と東中部ドイツ語に分けられる．
　Rheinfränkisch と Mittelfränkisch とを区分する線は Hunsrücklinie と呼ばれる．Rheinfränkisch では das, es, was, alles の形であるのに対し，Mittelfränkisch では，dat, it, wat, allet として現れる．
　なお，ドイツ語の方言ではないが，ドイツにはドイツ語以外の言語が用いられている地域がある．それは Brandenburg や Sachsen におけるスラブ語系のソルブ語 Sorbisch である．この言語にはヴェンド語 Wendisch という別名もある．Budysin (ドイツ名 Bautzen) を中心として上 (かみ) ソルブ語が，Chosebus (ドイツ名 Cottbus) を中心として下 (しも) ソルブ語が話されている．

7.1.6. いろいろな辞書

7.1.6.1. 二種類の辞書

　日本語で「辞書・字引」と呼ばれているものを，二つの種類に区別することができる．一つは語 Wort の解説をするものであって，日本語では「辞書」，「辞典」と，ドイツ語では „Wörterbuch" と呼ばれる．もう一つは事物・事柄などの解説をするもので，日本語では「事典」，ドイツ語で „Lexikon" と呼ばれる．「独和辞典」や「和独辞典」などは前者，「百科事典」や「文法辞典」などは後者である．もっとも，この二つの区別は流動的なものであって，日本の独和辞典の項目の中には事典的な性格である固有名詞の解説があったりする．また付録に各種の情報をつけ加えたものも刊行されている．
　以下に，語の辞書 Wörterbuch についての諸問題を記す．

7.1. 語　　彙

7.1.6.2. 辞書記載の手順

　辞書に記載する項目は一つ一つの語である．その語が見出し語となるが，その配列法に二種類ある．語の音形を基準にするか，それとも意味を基準にするかである．意味を基準としたものに「分類語彙表」などがあるが，そのことは7.1.6.4.意味による配列で述べる．ここでは通常の音形を基準にした配列について記す．

　音形を基準にするといっても，通常はその文字表記による形が，独和辞典の場合には語の綴字のアルファベット順によって配列されている．使用者がアルファベットの順序を知っていることを前提としているわけであるが，また，使用者がその当該の語の綴字を知っているということも，それを使用するための前提である．綴字を知らないと検索できない．

　見出し語には通常，名詞の場合には単数1格の形が，動詞の場合には不定詞の形が採用されている．中には動詞の一人称単数形が用いられることもある．また，命令形をあげる方が好都合であるという主張もある．

　日本語の辞書の配列は，おおむね見出し語の五十音順であるが，古くはいろは順という配列もあった．動詞は通常，終止形で掲げられるが，中には，連用形で掲げる辞書もある．たとえば動詞「ながれる」の場合，連用形の「ながれ」の形で掲げる方が，その動詞の「ながれ」と名詞「ながれ」とを一括して取り扱うことができるという便利からである．先に記した，ドイツ語の辞書で命令形を見出し語にする便利は，たとえばsprechenの場合sprichを見出し語として掲げておくと，du sprichst, er sprichtの変化形におけるeからiへの交替をも示すことができるからである．

　「逆引き辞典」Rückläufiges Wörterbuchといって，語の綴字を逆に読んで，全体の語をその逆順の綴字により，アルファベット順に配列したものがある．語の表記は通常の表記のままであるが，語が綴り字の逆順にしたがって配列されているのである．これは，語の意味を調べるためのものではなく，同一の終わり方をする語にどういうものがあるかを知るのに便利である．たとえば-chnenで終わる動詞にどういうものがあるかを知りたいときなどに活用できる．rechnen, zeichnenやそれらの派生動詞がrechnenを先頭にrechnen—abrechnen—berechmen—vorausberechnen…という順序で配列されているので，その全体を一括して把握することができる．

　古くはReimwörterbuchと題したものがあったが，同様の性格のものであ

る．

7.1.6.3. 記載の内容

　見出し語の次に，まずその語の発音が IPA（国際音声字母）で，あるいはその他の方式で示される．日本語で刊行されている独和辞典にはカナ表記，あるいはカナ表記と IPA との並列という方式もある．ついで，文法的機能，つまり品詞や名詞の性や複数形の形，動詞については自動詞と他動詞の区別や完了助動詞が haben であるか sein であるかなどが，また不規則な変化形を持つものにはその変化形などが示される．

　ついで，その意味が記述される．訳語あるいは説明語の形で，概念的意味だけでなく副次的な意味も示される．

　また，その語の用例が示される．場合によっては図解なども添えられる．図解を主にした辞書に Duden 第 3 巻の *Bildwörterbuch* がある．

　語は一般に多義である．その多義である複数の意味をどのように配列すべきかが問題になる．語の歴史を重んじて通時的な配列にするか，あるいは現在普通に行われているように，現在の用法を重んじて，共時的な配列にするかの二つの態度がある．

　歴史性を重んじれば非実用的になる傾向は避けがたい．例えば名詞 Bein の場合，歴史性を重んじれば「骨」の意味を，現在，もっとも一般的である「脚」よりも前に置くという順序になるだろう．

　共時的な配列にも頻度を重んじるか，論理的な意味関係を重んじるかなどの問題がある．

7.1.6.4. 意味による配列

　意味によって語を整理したものを分類語彙表 Thesaurus と呼ぶ．この語の元はギリシア語で「宝庫」を意味し，英語でも thesaurus である．英語の *Thesaurus of English Words and Phrases*（1852年に London で刊行）が著名であるが，ドイツ語については Dornseiff：*Der deutsche Wortschatz nach Sachgruppen* Berlin 1933, Wehrle-Eggers：*Deutscher Wortschatz. Ein Wegweiser zum treffenden Ausdruck* Frankfurt a. M. 1968，国立国語研究所報告『日独仏西基本語彙対照表』1986などがある．これらの辞書でどのような語の取扱がなされているのかについて，ここでは Wehrle-Eggers の分類法に

7.1. 語　　彙

ついて記す．

　この辞書では語の全体が，その語が所属する概念項目のもとに記されている．その概念項目としては全部で1000個が設定され，それらがまず次に示すAからFまでの六つに大区分されている．

　　A　Begriffliche Beziehungen　　抽象的関係
　　B　Raum　　　　　　　　　　　空間
　　C　Stoff　　　　　　　　　　　物質
　　D　Geistesleben　　　　　　　　精神生活
　　E　Gebiet des Wollens　　　　　意志
　　F　Gefühlsleben　　　　　　　　感情

そして，そのそれぞれの概念項目がさらに，次々に下位区分されて行くのである．

　今，具体的に，ある語が，どの項目に，どのように配置されているかを示すために，Brot を例として選び，その取扱について述べることにする．この辞書の第二部が索引となっているので，その索引でまず Brot が項目298に所属しているのを知ることができる．項目298は Ernährung（養い＜動詞 ernähren 養う）である．

　この項目は他の項目と同様に a）名詞，b）動詞，c）形容詞と分けられている．最初の名詞の a）は，再び Ernährung そのものに始まって種々の名詞が列挙されている．目ぼしいものを拾って行くと Speise「食物・料理」，Essen「食事・食物」，Getränk「飲み物」，Lebensmittel「食料品」，Frühstück「朝食」などがあり，やがて Brot を見つけることができる．Brot につづいて Roggenbrot「ライ麦パン」，Weizenbrot「小麦パン・白パン」，Schwarzbrot「黒パン」，Braunbrot「褐色パン」，Graubrot「小麦とライ麦を原料とする黒ずんだパン」，Weißbrot「白パン」などが続く．さらにまた続いて Morgensuppe「朝のスープ」，Fischgericht「魚料理」，Geflügel「鳥肉」，Fleischgericht「肉料理」，Tunke「ソース」，Wurst「ソーセージ」，Ei「卵」，Käse「チーズ」，Gemüse「野菜」，Frucht「果物」，Nachtisch「デザート」，Gedeck「食器」，Tafel「食卓」，Schlachtung「畜殺」，Futtermittel「飼料」，Esser「食べる人」，Gast「客」，Ernährer「養い手」などが記されている．

　b）の動詞としては essen「食べる」，speisen「食事をする」，fressen「動物がたべる・人間がむさぼり食う」，futtern「がつがつ食べる」，beköstigen

— 69 —

「…に食事を供する」，trinken「飲む」，saufen「動物が飲む，人ががぶがぶ飲む」などが，ｃ）の形容詞としては genießbar「飲食に適する・おいしく食べられる」，eßbar「食べられる」，trinkbar「飲用に適した」，nahrhaft「栄養のある」，nährend（動詞 nähren の現在分詞）などが並んでいる．

索引によると Brot が項目298以外にも挙げてあることが分かる．この指示に従って，主要なものを見て行くと，flüssiges Brot というのは「液体のパン」すなわち「ビール」のことである．それが先に記した298 Ernährung の項目に出ている．gutes Brot あるいは reichliches Brot が803 Reichtum「豊かさ」の項に，täglich(es) Brot「日々の糧」が625 Wirkungskreis「活動範囲」の項に，Brot und Wein「パンと葡萄酒」はカトリックで「最後の晩餐」，新教で「聖餐」であるが，それが998 Kirchenbrauch「教会の慣習」の項に，ohne Lohn und Brot「賃金とパンなしで」，それが297 Ausstoßung「追放」の項に，Wasser und Brot が956 Fasten「断食」の項に，sein Brot erbetteln「乞食をしてパンを得る」が804 Armut「貧困」の項に，anderer Leute Brot essen「他人に雇われている」が749 Unfreiheit「不自由」の項に，mehr können als Brot essen とは「人並み以上の能力がある」ということ，それが702 Pfiffigkeit「抜け目ないこと」の項に，Steine statt Brot geben「辛く当たる」というのはマタイ伝7.9.による表現であるが，それが739 Strenge「辛さ・厳格さ」の項に，nach Brot gehen「働きに出る・仕事に行く」が749 Unfreiheit「不自由」の項に，zu Wasser und Brot verurteilen「水とパンを申しわたす」が956 Fasten「断食」の項に，という状況である．

この辞書は，その副題 Ein *Wegweiser zum treffenden Ausdruck*「適切な表現のための道しるべ」にも示されているように，文を書こうとするときに，同義語・類義語を探すためのものでもある．

同義語・類義語の辞書としては Duden の第8巻として *Sinn- und sachverwandte Wörter* が，また，語の用法を慣用句や成句などをも含めて示すものとしては Duden の第2巻の *Stilwörterbuch* や Agricola 編の *Wörter und Wendungen* Leipzig 1968などがある．

7.1.7. 語の意味の研究略史

語の意味を取り扱う研究分野は意味論と呼ばれる．英語では semantics, フ

7.1. 語　　彙

ランス語では sémantique と呼ばれる．ドイツ語では Semantik/Semasiologie/Bedeutungslehre という．

　語の意味の研究は，まず意味の変遷を取り扱う学問として始まった．1825年頃，Reisig が，Vorlesungen der lat. Sprachwissenschaft という講義を行った．後の1839年に，その内容が Haase によって編集され Leipzig で刊行された．その内容は Etymologie, Semasiologie, Syntax の三つに分かれている．Etymologie はここでは語源ではなく，造語論のことであった．Semasiologie では Grundsätze, welche bei der Entwicklung der Bedeutung gelten「意味の変遷に妥当する原理」が取り扱われている．つまりこの学問は意味の変遷を取り扱う学問であった．Reisig はラテン語における語の意味の変遷における Relationsmöglichkeiten zwischen der alten und neuen Bedeutung「古い意味と新しい意味との間の関係の可能性」に次の六つを区別している：1. Synekdoche 提喩，代喩，2. Metonymie　換喩，3. Metapher 隠喩，4. 動詞の自・他，5. 空間と時間，6. 前置詞（ここでは前綴のこと）による意味の修正．（以上 Kronnasser による）．

　◇　以上の6項目をここでドイツ語に置き換えてみよう．

　1．Synekdoche 提喩，代喩，英．synecdoche：これはラテン語で pars pro toto「全体の代わりの部分」ともいわれる．その代表的な例は Brot「パン」が「生活の糧」を表す場合である．他に Kiel「竜骨」が Schiff「船」を表す，などの例がある．

　2．Metonymie　換喩，英 metonymy：原因と結果　など密接な関係の間においての転換が行われる．Goethe zitieren「ゲーテを引用する」というのは，いうまでもなくゲーテ本人を引用するのではなく，ゲーテ　の作品を引用することである．ここでの Goethe においては作者がその作品に転換されている．Stahl「はがね」で Dolch「短刀」をあらわすのもこの換喩である．つまり材料である金属がその製品の代わりになっている．

　3．Metapher　隠喩，英 metaphor：類似している二つの対象の間の意味素性の類似によって生じる比喩である．das Schiff der Wüste「砂漠の船」が Kamel「らくだ」を表すような場合である．砂漠が海であるならばらくだはその海を渡る船なのである．

　4．動詞の自・他：動詞の中で brechen, reißen, scheiden などは本来は

他動詞であったが，自動詞としての用法が後に生じている．

　5．時間と空間：たとえば vor という前置詞の意味は，まず「前に」という空間的なものである．それが am Tage vor der Hochzeit「結婚式の前日に」においては時間的な意味に変わっている．

　6．前綴による修正：動詞 kaufen「買う」に ver- という接頭辞がついて verkaufen「売る」という．この場合には反対の意味が生じる．

　1880年に Hermann Paul の *Prinzipien der Sprachgeschichte*『言語史原理』が刊行される．この『言語史原理』の第4章が Wandel der Wortbedeutung「語の意味の変遷」である．Paul は語の意味を Vorstellung「表象」としてとらえる．そして，意味に二つを区別する．一つは「一言語団体の全員に対して，ある語と結合する総表象内容」，他の一つは「話すものが，その語を口にしながら，それと結合し，また聞くものも，それと結合することを期待するような表象内容」である．前者は usuelle Bedeutung　慣用的意味，後者は okkasionelle Bedeutung　臨時的意味と呼ばれる（この区別はソシュールの langue/parole の区別に相当するといえよう）．臨時的意味は話されるその度ごとに異なり，場合によっては慣用的意味から離れることがある．慣用的意味から離れた変則的な使用が，やがて次第に慣用的な意味となるとき，そこに意味の変遷が生じたことになる．

　その後，フランスの Bréal が，1883年に論文 *Les lois intellectuelles du langage*「言語の理性的法則」の中で sémantique という呼び名を用い，そして1897年に *Essai de sémantique*『意味論試論』を刊行する．この Bréal の用いた sémantique の語が今日の Semantik の語のもとになる．

　やがて，1916年に Ferdinand de Saussure の *Cours de linguistique générale*『一般言語学講義』が刊行される．この中の語の意味に関する Saussure の言語モデルは次のようなものである．

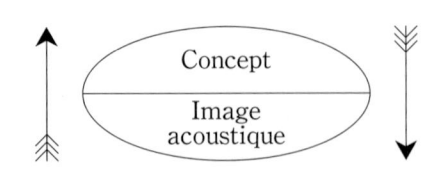

7.1. 語　　彙

　この図が示しているように言語記号は音声形式の面と意味の面との両面から成り立っており，この二つは一枚の紙の表と裏のように不可分のものである．

　de Saussure はその不可分な二つの面を，まず Image acoustique と Concept と呼び，次いで Signifiant/Signifié と言い換えている．小林英夫訳では前者が「聴覚映像」と「概念」，後者は「能記」と「所記」である．ドイツの H. Lommel はそれぞれを Lautbild と Vorstellung, および das Bezeichnende と das Bezeichnete と訳している．

　◇　この「能記」と「所記」の二つの間の結びつきの関係は必然的なものではなく，恣意的なものである．この恣意的な関係は記号の恣意性 Arbitarität (fr. arbitraire, engl. arbitariness) と呼ばれ，近代言語学の基本的態度となっている．もしも，その関係が必然的なものであるならば，同一物の「牡牛」がフランス語で b-ö-f の音と結びついて bœuf となり，一方ドイツ語で別の o-k-s に結びついて Ochs となることはないであろうからである．

　ソシュールの示した言語モデルは項目を二つもつ二項モデルであったが，オグデン C.K. Ogden とリチャーズ　I.A. Richards は共著 *The Meaning of Meaning*『意味の意味』(1923) において次の三項目のモデルを示した．そのモデルは意味の三角形 semantisches Dreieck (英 semantic triangle) と呼ばれている．

```
              thought or reference
              Gedanke oder Bezugnahme
              思想あるいは指示
                     /\
                    /  \
                   /    \
                  /------\
        symbol            referent
        Symbol            Bezugspunkt
        象徴              指示物
```

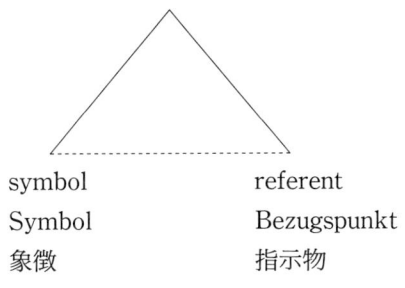

この三角形の頂点はまた次のように示されることもある．

```
                Begriff
              意味（概念）
                  △
         Wortkörper    Sache
           形式         指示物
```

　この三角形の示すところは次の通りである．言語の形式が言語外の指示物を指示するのは，その意味である概念を通してである．形式と概念は直接に結びつく．また概念と指示物も直接に結びつく．そのことが実線で示してある．しかし，指示物と形式とは直接には結びつかない．そのことが点線で示されている．

　20世紀になって言語学が意味の取扱を回避した時期があった．とくにアメリカの言語学において，人間の意識の現象を心的なものとして，考察の対象から除外し，直接的な経験に与えられ，直接観察できるものだけに考察の対象を限定しようとしたのであった．意味はわれわれの科学によっては定義されえず，言語学は形式から出発しなければならない，と考えられたのであった．
　しかし，今日，意味は再び，言語学の重要な課題である．意味を離れて言語を考えることはできない．

参 考 文 献

Bußmann, H.：*Lexikon der Sprachwissenschaft.* Stuttgart ²1990.
Duden：*Grammatik der deutschen Gegenwartssprache.* (Duden Bd. 4)
　　4., völlig neu bearbeitete und erweiterte Aufl., hrsg. und bearb. von G. Drosdowsky u. a. Mannheim 1984.
Frings, Theodor：*Grundlegung einer Geschichte der deutschen Sprache.* Halle (Saale) 1957.
Klappenbach, R./Steinitz W.：*Wörterbuch der deutschen Gegenwartssprache.* 6 Bde. Berlin 1964-77.
Kleine Enzyklopädie. Die Deutsche Sprache. Erster Band. Leipzig 1969.
König, Werner：*dtv-Atlas. Deutsche Sprache.* Deutscher Taschenbuch Verlag ⁷1989/¹²1998.
Kronasser, Heinz：*Handbuch der Semasiologie.* Heidelberg ²1968.
Paul, Hermann：*Prinzipien der Sprachgeschichte.* Tübingen ⁶1967.
　　(邦訳『言語史原理』福本喜之助　講談社　1965.)
Paul/Betz：*Deutsches Wörterbuch.* Tübingen ⁵1966.
Schirmer, A./Mitzka, W.：*Deutsche Wortkunde.* Sammlung Göschen Berlin 1960.
Schmidt, W.：*Lexikalische und Aktuelle Bedeutung.* Berlin 1967.
Schüler Duden：*Wortgeschichte.* Bearbeitet von Jürgen Folz Dudenverlag 1987.
Wehrle-Eggers：*Deutscher Wortschatz 1 u. 2. Ein Wegweiser zum treffenden Ausdruck.* Fischer Taschenbuch Verlag 1968.
Zupitza, J./Tschirch F.：*Einführung in das Studium des Mittelhochdeutschen.* Jena und Leipzig 1960.
ピエール・ギロー：『意味論』佐藤信夫訳　白水社　文庫クセジュ　5版　1965.
フェルディナン・ド・ソシュール：『一般言語学講義』小林英夫訳　岩波書店　改版第1刷　1972.
タキトゥス：『ゲルマーニア』泉井久之助訳註　岩波文庫　改訳第16刷　1991.
H.ブラッドリ：『英語発達小史』寺澤芳雄訳　岩波文庫　第15刷　1991.
川島淳夫他編：『ドイツ言語学辞典』紀伊国屋書店　1994.
高津春繁：『比較言語学入門』岩波文庫　1992.
国立国語研究所報告 88　『日独仏西基本語彙対照表』秀英出版　1986.
浜崎長寿：『ゲルマン語の話』大学書林　1976.
浜崎長寿：『中高ドイツ語の分類語彙と変化表』大学書林　1986.

事項の索引

(まず日本語の見出し語を五十音順に並べたのち，後にアルファベット表記の見出し語をアルファベット順に配列した)

あ

アルバニア語派	7
アルメニア語派	7
アレマン語の	22
アレマン方言	23
暗示的意味	42

い

位相	62
イタリック語派	7
一般言語学講義(書名)	5, 52, 73
異綴同音語	46, 48
意味	
概念的〜	42
臨時的〜	72
〜借用	27, 37, 38
〜の拡大	39
〜の下落	39
〜の向上	39
〜の三角形	73
〜の縮小	39
意味場	55
意味論	71
〜的一致	57
意味論的試論(書名)	73
イラン語派	7
イルリア語	8
インド・ゲルマン語	7
インド語派	7
隠喩	71
〜による意味の変遷	41

ウ

ヴァンダル人	19
ヴェルナーの法則	15, 16
ウムラウト	24, 25

エ

婉曲話法	39

オ

音素	49

カ

下位概念語	59
概念	73
外来語	4, 5, 36
格調が高い	63
カナ表記	68
カロリング朝	24
感情的価値	
語の〜	42
換喩	71

事項の索引

慣用的意味	72
〜と呼ばれる意味の変遷	41

キ

基語	6
基層言語	14
北ゲルマン語	12
基本義	45
逆引き辞典	67
宮廷叙事詩	28
共時的	
〜言語学	5
〜配列	68
共通の源	6
ギリシア語派	7
キリスト教関係の語	23

ケ

ケルト語派	7
ゲルマン語子音推移	14
ゲルマン語派	7
ゲルマン祖語	12
原義	45
言語史原理(書名)	53,72
言語的な場	57

コ

語彙	1
受動的〜	4
ドイツ語の〜	1,4
能動的〜	4
平均的なドイツ人の能動的〜	4
語彙的な場	55

高地ドイツ語	11,63
〜子音推移	14,21
コギツネ座	44
国際音声字母(IPA)	68
国立国語研究所	69
語形借用語	36,38
古高ドイツ語	11
ゴート語	13
〜の	22
ゴート人	19
語の数え方	2
語派	7
語場	55
シンタクス的な〜	57
連合関係的〜	57

サ

鮭論	11
三項モデル	
言語記号の〜	73
恣意性	
言語記号の〜	73
詩的な	63
姉妹語	12,31

シ

時間と空間	72
借義語	36,37
借用	24
古ドイツ語時代の〜	37
形式的〜	36
借用形成語	36,37
借用語	5,17,21,23,36

— 77 —

事項の索引

語形〜	36, 38
〜の分類	36
借用財	36
借用造語	36, 37
借用翻訳	26, 36
借入語	5
自由訳語	36, 38
縮小の設備語-chen	66
主要意味	45
上位概念語	59
状況造語	2
上層言語	14
上部ドイツ語	63
所記	73
初期新高ドイツ語	11, 21
新語	1
新高ドイツ語	11, 21
親族名称	6

ス

推定形	11
スコットランド方言	35
スラブ語派	7

セ

成分分析	49
扇開	54
扇状派生	54
前綴による修正	72

ソ

相続語	5, 6, 36, 37
即席造語	2
祖語	6
ソルブ語	66
上〜	66
下〜	66

タ

第一次子音推移	14, 16
第二次子音推移	14, 22, 63
代喩	71
単一語	5
単語家族	53
単母音化	30
中高ドイツ語の母音の〜	30

チ

中高ドイツ語	11
中心義	44
中部ドイツ語	63
聴覚映像	73
長母音化	30
直訳借用（語）	36, 38

ツ

通時的	
〜言語学	5
〜配列	68
通俗的な	64

テ

低地ドイツ語	11, 64
提喩	71
綴字	67

事項の索引

ト

同音異義語	46	
同化	37	
同義語	58	
等語線	66	
動詞の自他	72	
同綴異音語	48	
同綴異義語	46	
動物相	10	
トカラ語派	7	
トラキア語	8	

ニ

二言語併用	14
二項モデル	
言語記号の〜	73
二重母音化	
中高ドイツ語の母音の〜	30
日常的な	63
日独仏西基本語彙対照表(書名)	69
ニーベルンゲンの歌	23

ノ

能記	73

ハ

バイエルン方言	23
バイエルン語の	22
白馬の騎手(書名)	42
派生語	5
バルト語派	7
反義語	61

反対関係の	
消極的〜	61
相関的〜	61
相対的〜	61

ヒ

比較言語学	6
東ゲルマン人	19
東ローマ帝国	19
卑俗的	64
ヒッタイト語派	7
標準的	63

フ

副義	42
複合語	5
ブナの樹論	10
フリギア語	8
フン族	19
文体層	62
文体レベル	62
分類語彙表	67, 68

ヘ

弁別的素性	49
弁別的特徴	49

ホ

翻訳借用	26, 37
本来的	5, 6, 36

ミ

見出し語	

事項の索引

辞書の〜	67

メ

明示的意味	42, 50

ル

類義語	58
命令契機の異なる〜	58
文体層の異なる〜	59
ルーネ文字	13, 21

ロ

ロマンス諸語	7

Abrogans	24, 26
Alemannisch	65
appel/apfel-Linie	65
Attila	23
Bairische, das	65
Benrather-Linie	65
Bezeichnete, das	73
Bezeichnende, das	73
Bildwörterbuch (書名. Dudenの)	68
Brandenburgisch	65
Brandfuchs	44
Buchstabe	21
Concept	73
Cours de linguistique génerale (書名)	72
dtv-Atlas. Deutsche Sprache (書名)	60
Essai de sémantique (書名)	72
Etymologie	71
Faust (作品名)	39
Grundfragen der Sprachwissenschaft (書名)	52
Haase	71
Hildebrandslied	24, 26
Hochalemannisch	65
Höchstalemannisch	65
Homer	9
Hunsrücklinie	66
ik/ich-Linie	64
Image acoustique	73
IPA	68
Kleine Enzyklopädie. Die Deutsche Sprache (書名)	54
Lautbild	73
Limes	18
Maas	20
maken/machen-Linie	64
Meaning of Meaning, The (書名)	73
Mecklenburgisch-Vorpommersch	65
Metapher	72
Metonymie	72
Mittelfränkisch	65, 66
Mittelpommersch	65
Mosel	20
Nibelungenlied	28, 30
Niederalemannisch	65
Niederfränkisch	65
Nordobersächsisch	65
Nordobersächsisch-Südmärkisch	65
Obersächsisch	65
Ostfälisch	65
Ostfränkisch	65

Ostmitteldeutsch	65		Thüringisch	65
Ostniederdeutsch	65		Trier (地名)	20
Ostpommersch	65		Ürdinger-Linie	65
Prinzipien der Sprachgeschichte 　(書名)	72		Vorstellung	73
			Westfälisch	65
Reimwörterbuch	68		Westmitteldeutsch	65
Rheinfränkisch	65,66		Westniederdeutsch	65
Thesaurus of English Words and 　Phrases(書名)	68		Wörter und Wendungen (書名)	71

人名の索引

（カタカナで表記された人名はローマ字読みして該当の箇所に入れた）

Agricola, E.	71		Ogden, C. K.	73
Attila	23		Paul, H.	52,72
Bierwisch, M.	51		Porzig, W.	57
Bréal, M.	73		Reisig	71
Bußmann, H.	50		Richards, I. A	73
ドミティアーヌス帝	18		Saussure, F. de	5,24,25,52,73
Dornseiff, F.	68		Schmidt, W.	44
Eschenbach, W. von	27		ソシュール	5,24,25
Etzel	23		Steinitz, W.	63
Frings, Th.	64		Storm, Th.	42
カエサル	18		タキトゥス	19
Karl 大帝	24		Trier, J.	56
Klappenbach, R.	63		Verner, K.	16
高津春繁	15		Vogelweide, W. von der	27
Kronnasser, H.	71		Wenker, G.	63
Leisi, E.	57		Wehrle-Eggers	68
Lommel, H.	52		Wulfila	13

7.2. 造　　　語（Wortbildung）

7.2.1. 基礎篇

7.2.1.1. 造語と造語論

　人間は自分をとりまく外的世界の事物や事象に名前を与えること＝命名 Benennung によって世界を自分のものにしてきたし，現在もそうしている．つまり，外界の事物や事象に変化が起きれば，絶えず新しく命名する必要にせまられているのである．

　新しく命名する際に，今までにない音の組み合わせで新しい語を創造する場合（語創造 Wortschöpfung）もないわけではないが，たいていは既に存在している言語要素を利用して新しい語彙が作られる．既存の言語要素で新しい語彙を作ることを造語 Wortbildung という．

　既存の言語要素には，単独で用いられる語あるいはその語幹 Stamm と，それ自身では単独で現われることのない要素（接辞 Affix と呼ばれる）がある．例えば，ここに挙げた Wortbildung という語は，名詞 Wort (n. 語) と，動詞語幹 bild-（作る）と，単独では現われない -ung という接辞から作られている．

　外国語の言語要素を取り入れて新しい語を作る場合もある．これは借用 Entlehnung にかかわる造語であり，本書第一部「ドイツ語の語彙」のなかの「語の借用について」で，この現象が扱われている（→ 7.1.2.8.）

　造語を研究する言語学の分野は造語論 Wortbildungslehre と呼ばれ，一般に現代語を対象に行われる．つまり共時的 synchronisch な研究であるが，その場合でも，歴史的に遡って考察する通時的 diachronisch な視点がしばしば要求される．

　以下に，造語における基礎的な術語を実例とともに説明する．

7.2. 造　　語

7.2.1.2. 造語論の基礎的な術語

7.2.1.2.1. 複合

複合 Komposition/Zusammensetzung とは，それぞれに意味が独立した複数の語を組み合わせることである．複合によって作られた語は**複合語** Kompositum/Zusammensetzung と呼ばれる．複合語の最も基本的な構造は，例えば Hochhaus（n. 高層ビル；形容詞 hoch＋名詞 Haus）のように，「二つの要素から成って（binär）」いる．語を二つの構成素に分けることを，直接構成素に分析するといい，直接構成素分析によって，複合語の階層的な関係が明らかになる：

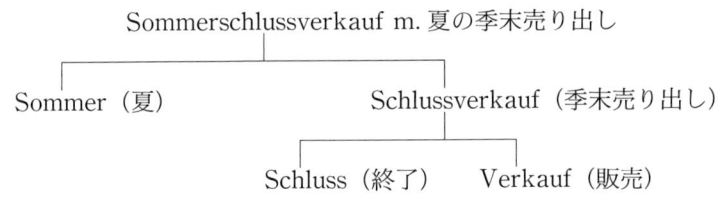

```
        Sommerschlussverkauf m. 夏の季末売り出し
       ┌──────────────┴──────────────┐
   Sommer（夏）              Schlussverkauf（季末売り出し）
                            ┌──────────┴──────────┐
                       Schluss（終了）       Verkauf（販売）
```

意味上の役割を考えて，この二分割された構成素のうち，最初の構成素を規定語 Bestimmungswort，後の構成素を基礎語 Grundwort という．例えば Sommerschlussverkauf では，Sommer が規定語，Schlussverkauf が基礎語，Schlussverkauf では Schluss が規定語，Verkauf が基礎語である．以下においては，その順序に従い規定語を第一構成素，基礎語を第二構成素と呼ぶ．形成された複合語の品詞は基礎語の品詞に従う．

複合語は第一構成素と第二構成素の意味的関係に基づき，いろいろなタイプに下位区分される．

（1）　**限定複合語** Determinativkompositum

第一構成素が第二構成素のもつ意味を限定する．通常，アクセントは第一構成素にある．以下，必要に応じて例語にアクセント記号を付ける．下点（.）はアクセントのある短母音を，下線（__）はアクセントのある長母音あるいは二重母音を示す．

Wo̱hnzimmer n.　居間　　　Ki̱nderzimmer n.　子供部屋
bru̱chfest　壊れにくい　　　le̱bensgefährlich　命に関わる
a̱b|fahren　出発する　　　a̱us|sprechen　発音する

◇　限定複合語の第一構成素あるいは第二構成素が多用され，それらが接

辞のように感じられる造語を特に**系列造語** Reihenbildung という：
　　Haupt（頭）→ haupt-：Hauptstadt f. 首都　Hauptbahnhof m. 中央駅
　　voll（いっぱいの）→ -voll：kunstvoll 芸術性豊かな liebevoll 愛溢れる
　　これらの場合には，Haupt は「頭」という意味の**単一語** Simplex ではなく「主な」という意味を表す**接頭辞** Präfix のような働きをし，また -voll も「いっぱいの」を意味する単一語ではなく，**接尾辞** Suffix の -haft（〜に満ちた）に近い性格をもつ．そのため，それぞれ**擬似接頭辞** Halbpräfix，**擬似接尾辞** Halbsuffix と呼ばれる．

（２）　**並列複合語** Kopulativkompositum
　第一および第二構成素の関係は規定・被規定ではなく，対等の関係にある：
　　Dichterkomponist m.　作詞家兼作曲家
　　schwarzweiß　白と黒の（アクセント：schwarzweiß, schwarzweiß も）

（３）　**所有複合語** Possessivkompositum
　第一構成素が第二構成素に対して規定の関係にあるが，形成された語自体の意味はそれを所有する人/物を表す：
　　Langfinger m.　長い指 → スリ　　Zweirad n.　二輪 → 自転車

（４）　**明確化複合語** Verdeutlichende Zusammensetzung
　ｉ）第二構成素が第一構成素の意味を明確化している場合：
　　Schädelknochen m.　頭蓋骨
　ⅱ）第一構成素が第二構成素の意味を明確化している場合：
　　Grundprinzip n.　根本原理

（５）　**程度形容複合語** Steigerungskompositum
　第一構成素が第二構成素の度合いを形容する：
　　Affenhitze f.　[俗] ひどい暑さ　　riesenstark　[俗] 非常に強い
　限定複合と違う点は第二構成素にもアクセントがおかれることである：
　　bombenfest　[俗] 絶対に確実な（cf. bombenfest　爆撃/砲撃に耐える）

（６）　**比喩複合語** Vergleichskompositum
　ｉ）第一構成素が第二構成素の比喩となっている場合：
　　schneeweiß　雪のように白い　　steinhart　石のように固い
　ⅱ）第二構成素が第一構成素の比喩となっている場合：
　　Beifallssturm m.　あらしのような喝采
　ⅲ）複合語自体で比喩となっている場合：

Angsthase m.　［俗］（すぐにびくびくする兎のような）臆病者
Nervenbündel n.　［俗］（全身が神経の束であるかのような）神経質な人

7.2.1.2.2. 派生

派生 Derivation/Ableitung とは，語に単独では現われることのない接辞を付加させて，新たな語，つまり**派生語** Derivatum/Ableitung を生じさせることである．これは**明示的派生** explizite Ableitung と呼ばれるが，他に，接辞は付加されずに，元の語と形の違う新しい語が形成される**暗示的派生** implizite Ableitung がある．

１．**明示的派生**

明示的派生には**接頭辞造語** Präfigierung/Präfixbildung と**接尾辞造語** Suffigierung/Suffixbildung がある．

◇　接頭辞はもとは単一語に由来することから，接頭辞による派生を複合語とあわせて合成語と分類したり，また，接頭辞と接尾辞には以下に述べるように品詞決定に関して機能的な違いがあるために，接頭辞造語を独立の造語法とする考え方がある．しかし，本書では，接頭辞も接尾辞も独立しては用いられない接辞であるという観点から，派生の中にまとめて記述する．

（１）接頭辞造語

名詞と形容詞に付加される接頭辞は，たいていの接尾辞のように元の語を特定の品詞に転換させる機能はなく，もっぱら元の語の意味に変更を加える．アクセントは接頭辞に置かれる：

un-：Unruhe f.　落ち着きのない状態　　untreu　誠実でない
ur-：Urmensch m.　原始人　　　　　　uralt　太古の
miss-：Missbrauch m.　悪用　　　　　missliebig　好かれない

◇　miss-は動詞にも付加する．この場合，アクセントは動詞にあることが多い：
missachten　軽視する　　misshandeln　虐待する

動詞に付加するアクセントを持たない接頭辞（be-, ent-, emp-, er-, miss-, ver-, zer- など）は一般に**非分離の前綴**（untrennbare Vorsilben）と呼ばれている．動詞接頭辞には，造語の観点から，さまざまな働きがある：

① 名詞や形容詞から動詞を派生させる
Ursache f. 原因 → ver<u>u</u>rsachen ひき起す
② 自動詞を他動詞化する
in einem Haus wohnen → ein Haus bew<u>o</u>hnen 家に住む
③ 元の動詞の意味および**動作相** Aktionsart (→ 1.1.4.) を変える
bl<u>ü</u>hen 花が咲いている → erbl<u>ü</u>hen 花が咲く → verbl<u>ü</u>hen 咲き終わる
◇ **分離の前綴** (trennbare Vorsilben) については → 7.2.4.1. 複合動詞．

(2) 接尾辞造語
接尾辞は，派生語の品詞を決定する：
① 名詞を作る接尾辞：-ung, -nis, -e, -heit/-keit/-igkeit, -schaft, -tum, -sal -sel, -el, -er, -ler, -ner, -ling, -ei, -chen, -lein, -in
② 形容詞を作る接尾辞：-bar, -lich, -sam, -en/-n/-ern, -haft, -ig, -isch
③ 動詞を作る接尾辞：-el(-n), -er(-n), -ig(-en), -ier(-en)
(かっこの部分は不定詞語尾)
◇ その他，副詞を作る接尾辞として，-s, -ens, -lings などがある．

2．暗示的派生
接辞を付加することなく新たに語が形成される暗示的派生には，次の三つのタイプの造語が区別される．
(1) **幹母音造語** Ablautbildung
動詞の母音交替/アプラウト (→ 1.1.4.) を利用し形成された一連の造語：
binden—band—gebunden → Band m. 巻 n. リボン Bund m. 同盟
trinken—trank—getrunken →Trank m.〔雅〕飲み物 Trunk m. 一飲み
treten 歩む—tritt（3人称単数現在形）→ Tritt m. 歩み
(2) アプラウトからさらにウムラウト (→ 1.1.4.) の過程を経て作られた作為動詞：
trinken — trank → tränken 飲ませる fahren — fuhr → führen 導く
liegen—lag → legen 置く sitzen—saß → setzen 座らせる
(3) **逆成** Rückbildung
接頭辞や接尾辞の付加による明示的派生とは逆に，接尾辞を消去し，元の語より短い語が新たに形成される造語過程を逆成という．

7.2. 造　語

① -ig による共成形容詞（→ 7.2.1.2.3）などから名詞が逆成される場合
e̲igensinnig → E̲igensinn m.　強情　　vo̲rsichtig → V̲orsicht f.　注意
hämisch　意地の悪い → Häme f.　意地悪（この場合 -e が付加されている）

② 合接（→ 7.2.1.2.4.）によって作られた動詞から名詞が逆成される場合
we̲hklagen　嘆き悲しむ → We̲hklage f.　悲嘆，愁嘆

③ 動作名詞 Nomen actionis あるいは動詞由来の道具名詞 Nomen instrumenti などから動詞が逆成される場合
No̲tlandung f.　緊急着陸 → no̲tlanden　緊急着陸する
Sta̲ubsauger m.　掃除機 → sta̲ubsaugen　電気掃除機をかける

◇ sta̲ubsaugen (staubsaugte-gestaubsaugt) は新正書法では Staub saugen と分けて書くことも認められている。その際の過去分詞は Staub gesaugt. ちなみに Staubsauger は Staub（埃）＋saug-en（吸う）に接尾辞 -er が付加されてできた共成名詞（次項）である。

7.2.1.2.3.　共成

共成 Zusammenbildung とは，語群に接尾辞あるいは名詞を付加して新語を作る造語手段である。従って，二つの構成素（名詞 N／形容詞 Adj／動詞語幹 V／前置詞 Präp などを組合わせて作る語群＋接尾辞あるいは名詞）から成っており，それらの関係を (a+b)+c と示すことができる。第二構成素が接尾辞であるか名詞であるかによって二つのグループに分ける。

（1）　（N＋V）＋接尾辞　　Gese̲tzgebung f. ＜ Gesetze geben＋-ung　立法
　　　　　　　　　　　　　Appeti̲themmer m. ＜ Appetit hemmen＋-er　食欲制御剤
　　　　　　　　　　　　　schwe̲felhaltig ＜ Schwefel halten＋-ig　硫黄分含有の
　　（Adj＋N）＋接尾辞　　grünäugig ＜ grüne Augen＋-ig　緑の眼の
　　（Adj＋N）＋接尾辞　　liebäugeln ＜ liebe Augen＋-el(-n)　色目を使う
　　（Präp＋N）＋接尾辞　　überjährig ＜ über Jahre＋-ig　長年にわたる

（2）　（Adj＋N）＋N　　Fre̲ilichtmuseum n. ＜ freies Licht＋Museum
　　　　　　　　　　　　　　　　　　　　　　　　　　　　　　　　　屋外美術館
　　　　〃　　　　　　　Altwe̲ibersommer m. ＜ alte Weiber＋Sommer
　　　　　　　　　　　　　　　　　　　　　　　　　　　　　　　　　小春日和

〃　　　　　Heißwasserspeicher m. ＜ heißes Wasser＋Speicher
　　　　　　　　　　　　　　　　　　　　　　　　　　ボイラー

　(1)のタイプは前半の語群に接尾辞が付いてできたもので，派生語の一種と考えることができる．また，(2)は前半の語群に名詞が付加されているので，複合語の一種とみることができる．

　◇　このような構造の特徴は，a＋bの合接(→7.2.1.2.4.)は可能なのに，b＋cの組み合せは独立の語としては存在しないことにある：
　Gesetzgebung ＜ Gesetz geb-/*Geb-ung
　grünäugig ＜ Grün-auge/*äug-ig
　Freilichtmuseum ＜ Frei-licht/*Licht-museum
　しかし，共成語か限定複合語か判断しがたい場合もある：
　Briefträger m. ＜ Brief tragen＋-er　手紙を運ぶ＋〜する人
　　　　　　　　＜ Brief 手紙＋Träger　配達人
　これは前述の基準に照らし合わせてみると，Trägerが独立の語として存在するからで，二つの解釈の可能性が生じている．

7.2.1.2.4.　合接

　合接 Zusammenrückung/Amalgamierung とは複数の語が，語順や屈折語尾などの統語的特徴を保持したまま，**一語化** Univerbierung することである．合接語は文や，名詞句，前置詞句，動詞句などから形成される．合接語においては，複合語のように最終構成素によって語全体の品詞が決定されるわけではない．定動詞を含む合接語には，生物名，あるいは否定的な意味をもつ人物名称が多い：
　Vergissmeinnicht n. ＜ Vergiss mein nicht！　忘れな草
　Rührmichnichtan n. ＜ Rühr mich nicht an！　ほうせんか，感じ易い人
　Habenichts m. ＜ (ich) habe nichts　一文無し
　Gernegroß m. ＜ gerne groß；einer, der groß sein möchte　いばり屋
　Nimmersatt m. ＜ nimmer satt　飽くことを知らぬ人
　Vaterunser n. ＜ Vater unser　主の祈り
　seinerzeit ＜ seiner Zeit　当時
　wehklagen ＜ weh klagen　（声に出して）嘆き悲しむ
　◇　新正書法では，前置詞＋名詞の合接語は一語書きと，融合以前の状態

の分かち書きの二様が認められる：
zus__e__iten/zu Seiten　〜の傍らに
zug__u__nsten/zu Gunsten　〜の利益の為に
zut__a__ge/zu Tage bringen　明るみに出す
zugr__u__nde/zu Grunde gehen　破滅する
◇　例えば s__e__gelfliegen（グライダーで滑空する），s__ei__ltanzen（綱渡りする）のような，名詞＋動詞の合接により作られた動詞は，まれに現在分詞あるいは過去分詞の形で使われるが，おもに不定詞として，あるいは名詞化して用いられる（→ 7.2.4.4. 合接による動詞の造語）．
◇　合接により作られた名詞の中には，取り込んだ文法的語尾を格変化させる語もある：der Hoh*e*pri*e*ster ── dem Hoh*en*pri*e*ster　大司祭
◇　合接には，合接語として独立して使用される語を作るほか，共成語を作るときに必要な過程としての働きがある（→ 7.2.1.2.3. 共成および 7.2.2.1.7. 合接を伴う複合名詞）

7.2.1.2.5.　品詞転換

品詞転換 Konversion とは，形態の変化を伴わずに語の品詞を変えることである．接頭辞や接尾辞を伴わずして派生するところは暗示的派生（→ 7.2.1.2.2. の 2.）と似ているが，品詞転換語は元の語と新しくできた語の語幹が同形であるという点で，暗示的派生とは別に分類する．

◇　品詞転換は統語的転換（→ 7.2.1.2.6.）とは別物である．そこで，明確に区別するために品詞転換を**語彙的転換** lexikalische Konversion と呼ぶことがある．

（1）　名詞から動詞への品詞転換
　　　Fisch m.　魚 → fischen　魚をとる
　　　Wasser n.　水 → wassern（飛行機，宇宙船などが）着水する

◇　この場合，**不定詞語尾** Infinitivflexsiv（fischen の -en, wassern の -n）は名詞から動詞を作る働きを考慮すれば接尾辞のようにみえるが，**活用** Konjugation の際他の定動詞語尾 -e, -t, -te ととり変わりうる文法的な語尾であって，派生の接辞ではない．

◇　名詞から動詞が作られる場合，例えば，Nummer（番号）からは，接頭辞 be- による ben__u__mmern，接尾辞 -ier(-en) による nummer__ie__ren，お

よび品詞転換による nummern という三つの形がある．いずれも「番号をつける」という意味であるが，nummern は be- や -ier(-en) などの明示的な派生の接辞をもたない．従って，この nummern を，形には表れないゼロ接尾辞による派生―**ゼロ派生** Nullableitung とよび，派生の一種に加えることがある．

（2） 形容詞から動詞への品詞転換
　　　gleich 同じ → gleichen 似ている　　kühl 冷たい → kühlen 冷やす
（3） 名詞から形容詞への品詞転換
　　　Schuld f. 責任 → schuld 責任がある　Angst f. 不安 → angst 不安な
　◇　上の schuld や angst はもはや名詞とは感じられないので，これらの語が sein, bleiben, werden などと使われる場合には小文字で書くことが新正書法で定められており，その点でもはっきり品詞転換の例と認めることができる：Mir ist angst（私は不安だ）；Er ist schuld daran（その責任は彼にある）．
（4） 動詞から名詞への品詞転換
　　　ab|waschen 洗浄する → Abwasch m. 皿洗い　　treffen 会う → Treff m. 会合　　fallen 落ちる → Fall m. 落下　　beginnen 始まる → Beginn m. 開始
（5） 形容詞から名詞への品詞転換語
　　　言語名：deutsch ドイツの → Deutsch ドイツ語
　　　対表現：Jung und Alt 老いも若きも　Arm und Reich 貧乏人も金持ちも
　◇　従来の正書法では jung und alt, arm und reich と表記．

7.2.1.2.6. 統語的転換

　文法的語尾を保持したまま他の品詞に転換することを**統語的転換** syntaktische Konversion という．
（1） 不定詞の中性名詞化（不定詞語尾 -en/-n を含む）：
　　　Essen 食事　Treffen 会合　Können 能力　Dasein 存在
（2） 形容詞/代名詞などの名詞化（形容詞および代名詞の格語尾を含む）：
　　　der/die/das Schöne きれいな人/物　　die Meinen 身内，部下
　　　alles Mögliche 可能なことすべて　　Verschiedenes いろいろな事
（3） 現在分詞（動詞語幹＋-end）・過去分詞（ge-＋～＋-t/-en）の形容詞化：

7.2. 造　　語

lachend　笑っている　　geschlagen　殴られた　　behindert　障害のある

7.2.1.2.7. 語縮約

　言語の経済性から，既存の語を短くする造語を**語縮約** Wortkürzung という．接辞が付加されずに語形の違う新たな語が作られる点だけを考慮すれば，暗示的派生 (→ 7.2.2.2.3.) の一種とすることもできるが，縮約の過程は複雑で，特別の造語法と考えたい．次の四つに下位区分する：

(1)　**イニシャル縮約語** Initialwort
　ⅰ)　**頭(かしら)文字語** Buchstabenwort：アルファベットで読まれる．アクセントは最後のアルファベットにおかれる．
　　　DM (De-E̱m) f.　ドイツマルク　　　UKW (U-Ka-We̱) f.　超短波
　ⅱ)　**縮約音価語** Akronym：頭文字を合わせて普通の語のように読まれる．
　　　PE̱N-Club m.　国際ペンクラブ　　　UNE̱SCO f.　ユネスコ
　ⅲ)　頭文字語と縮約音価語の混合：
　　　De̱bis (**D**aimler **B**enz, **I**nte**r**services) ダイムラーベンツ・インターサービス

(2)　**語頭綴語** Silbenwort
　最初の綴り字ではなく，最初の音節を組み合わせたもの：
　　　Kripo f. = **Kri**minal**po**lizei　刑事警察
　　　Mo̱fa n. = **Mo**tor**fa**hrrad　原動機付き自転車
　頭文字語と語頭綴語との混合形：
　　　Azubi (A̱zubi も) m. = **Auszubi**ldende （職業教育の）訓練生，見習い

(3)　**切り詰め語** （英語の術語 clipping より）または**短縮語** Kurzwort
　ⅰ)　**語頭切り詰め語** (foreclipping) または「しっぽ語」Schwanzwort
　　　(Tele)Fo̱n n.　電話　　　(Omni)Bu̱s m. バス
　ⅱ)　**語末切り詰め語** (backclipping) または「あたま語」Kopfwort
　　　U̱ni(versität) f.　大学，Li̱mo(nade) f.　レモネードなど，ことに -i,
　　　および -o で終わるのが好まれる：
　　　A̱bi(tur) n.　高校卒業資格試験　　Kri̱mi(nalroman) m.　推理小説
　　　De̱mo(nstration) f.　デモ　　　　Di̱sko(thek) f.　ディスコ
　◇　人名などで語頭切り詰めと語末切り詰めの混合もみられる：
　　　Elisabeth → Lise　　Sebastian → Bastian あるいは Basti
　ⅲ)　**語中切り詰め語** (medial clipping) または Kopf-Schwanz-Wort

— 91 —

Ku(rfürsten)damm m.　［俗］クーダム
Deo(dorant)spray m. n.　防臭スプレー
　ⅳ）**枠造語形** Klammerform：特に，三つの構成素から成る複合語のうち，間に挟まれた要素を省略する場合を枠造語形という．従って枠造語形は複合の変形でもある(→7.2.2.1.2.の(1))
Fern(melde)amt n.　電信電話局　　Frost(schutz)mittel n.　凍結予防剤
（4）　**略語／略号** Abkürzungen
　　Dr.＝Doktor　　Bd.＝Band　　d. h.＝das heißt　　z. B.＝zum Beispiel
これらの略語はもとの形で読まれるため，語縮約と意識されるのは文字表記された場合だけである．

7.2.1.2.8.　語交差

　二つの異なる語の一部どうしを組み合わせて新しい語を作ることを**語交差** Wortkreuzung あるいは**混淆** Kontamination という．元の語のどちらかの語幹がたくみに埋め込まれている語もある：
Milka f.＜**Mil**ch＋**Ka**kao　ミルクとココアの中間の飲み物
Nescafé n.＜**Nes**tlé＋**Café**　ネスカフェ
Kurlaub m.＜Kur＋Urlaub　療養を兼ねた休暇
Katzenjammertal n.＜Katzenjammer＋Jammertal　酒びたりの暮らし
Indiskretin m.＜indiskret＋Kretin　口の軽いおばかさん
Litera-Tour f.＜Literatur＋Tour　文学散歩

7.2.1.2.9.　新語，新造語および即席造語と語彙化

　新しい事物や概念を表すための**新語** Neologismus は，語創造や，外来の語彙の借用，または既にある語に新しい意味を付加して使用することによっても作られるが，おもに造語の手段によることが多い．造語による新語は特に**新造語** Neuprägung と呼ばれることがある．
　即席造語 Augenblicksbildung/Ad-hoc-bildung とはあるテクスト内で新出した事物や事態を端的に表現する必要性から形成された,その場限りの語である．例えば近未来の話としてナイロン製のお金が話題になっていることとしよう：Gestern hörte ich von einem Freund, dass jetzt neue **Geld**scheine

erschienen sind. Die Scheine sind nicht mehr aus Papier, sondern aus **Nylon**. Jede Hausfrau, die auf Reinlichkeit achtet, wird das **Nylongeld** begrüßen.（友人から今度新しい紙幣が発行されたと聞いた．そのお札は従来の紙製ではなくてナイロンでできている．清潔好きの主婦ならだれでもそのナイロン札を歓迎するだろう．）Nylongeld という即席造語は既出の語，Geld と Nylon の複合である：Geld aus Nylon — Nylongeld. このように，即席造語の構成素はその即席造語が使用されたコンテクストの中にあることが必要であり，仮の語であっても意味はその場で理解されるものでなくてはならない．文脈を離れても理解され使用される語だけが，次第にその時代の語彙体系に組み入れられていく．

　一般に言語要素が語彙体系の中に組み入れられることを**語彙化** Lexikalisierung という．例えば，Geldschein（m. 紙幣）という具体物を表す名詞であれ，Reinlichkeit（f. 清潔）という抽象名詞であれ，事物や事象を命名したこれらの語はドイツ語母語者の記憶に蓄えられ，いつでも取り出せる状態にある．忘れていても，ドイツ語語彙として辞書に記載されている．語のこのような状態を語彙化しているという．語彙化しているものには，かつての新語 Nylon (n. ナイロン), Freund (m. 友人) や Papier (n. 紙) などの単一語から，Geldschein や Hausfrau（f. 主婦）などの複合語，Mann und Maus（乗り組み員もろとも），jm. einen Korb geben（〜の申し出を断る/〜をふる）のような句までも含まれる．慣用句の語彙化には**イディオム化** Idiomatisierung という用語がもちいられることもある．造語論では特に，複合や派生などの造語手段で新語が造られることを語彙化という．

7.2.1.2.10. 語彙化と意味の特殊化/非有契化

Sonntag+-s-+N　（a）Sonntagszeitung f.　日曜新聞，日曜版
　　　　　　　　（b）Sonntagsmaler m.　日曜画家
　　　　　　　　（c）Sonntagskleid n.　晴れ着
　　　　　　　　（d）Sonntagskind n.　日曜生まれの人/幸運児

　Sonntagskleid は ein Kleid, das man am Sonntag trägt（日曜日に着る服）と同じだろうか．日本では日曜に着る服といえば，仕事を離れたカジュアルな衣服を想像する．ところが古き良き時代の欧米では，日曜日は週日の仕事着をぬぎ，教会で祈ったり，人を訪問するためにきちんとした格好をす

ることから、「晴れ着」を指す．これは単にSonntagとKleidの意味を合成したものではなく，全体として特別な意味を担っているものである．それだからこそ，辞書に登録し，意味を明示する必要が生じてくる．そのような手続きの後，Sonntag＋身に付ける物を表す名詞であれば，たとえ辞書に登録されていなくても，「よそゆきの〜」という意味が推測される：Sonntagshose（よそゆきのズボン），Sonntagsschuhe（晴れ着用の靴）．同じくSonntagが規定語となっている複合名詞でも，職業者を表す名詞に付くと，「素人の〜」というまた別の意味の特殊化がおこる：Sonntagsjäger（日曜ハンター），Sonntagsfahrer（サンデードライバー）．N＋Nの複合語は，関係文や前置詞句によってパラフレーズされる構造をもっているが，パラフレーズを統合しても得られない特別な意味をもつことが語彙化の特徴である．このように語彙化と意味の特殊化は不可分の状態で，同時進行して起こる．

　これらの複合語のうち日本語にも日曜版とか日曜画家という語があるのでSonntagszeitungやSonntagsmalerがいちばんわかりやすい．次に，日曜日は安息日で衣服を改めたことを知っておればSonntagskleidの意味はわかる．ところがSonntagskindは，日曜生まれは運に恵まれるという言い伝えを知っていなければ幸運児という意味まで理解できない．このように意味の特殊化には段階がある．意味の特殊化の程度が高く，複合語の各構成素の関係が分かり難くなっていくことを**非有契化** Demotivierungという．元来，**有契性** Motivationは，言語記号の恣意性（→ 7.1.7.）と対極にある概念であるが，造語論では構成素間の何らかの結び付きが認められる場合，有契性があるという．構成素間の意味的な関連の見通し度であるので有契性の高い語を透明語，低い語を不透明語ということもある．

7.2.2. 名詞の造語

7.2.2.1. 複合名詞

　複合名詞には，名詞＋名詞，形容詞＋名詞，動詞(語幹)＋名詞，その他の品詞＋名詞の組み合わせがある．それぞれの組み合わせにおいて，基礎篇で挙げた複合語のさまざまなタイプが認められる．

7.2. 造　　語

7.2.2.1.1.　［名詞＋名詞］の複合名詞

（1）限定複合語

　名詞を第一構成素とする限定複合語は，形容詞や動詞語幹との複合語よりも，規定語 N^1 と基礎語 N^2 との関係が多様である．N^1 が場所，動作主，目的，手段など，様々な意味で基礎語を規定するからである：

　　　　Garten＋arbeit f.　　庭（での）仕事；場所
　　　　Kinder＋arbeit　　　児童（の行う）労働；動作主
　　　　Doktor＋arbeit　　　学位請求（のための）論文；目的
　　　　Hand＋arbeit　　　　手（による）仕事；手段

N^1 と N^2 との意味的関係をさらに詳しく考察しよう：

① 　N^1 が場所を表示
　ⅰ）N^1 にある N^2：Berghütte f.　山小屋, Gartenbank f.　庭園のベンチ
　ⅱ）N^1 で起こる N^2：Landleben n.　田園生活
　ⅲ）N^1 から起こる N^2：Landwind m.　陸風, Seewind m.　海風
　ⅳ）N^1 に通ずる N^2：Kellertreppe f.　地下室への階段
② 　N^1 が時間を表示；N^1 の時間に起こる／なされる N^2：Herbstwind　秋風
③ 　N^1 が目的を表示
　ⅰ）N^1（場所）のための N^2：Strandkorb m.　（海水浴場などの）篭いす
　ⅱ）N^1（物／素材）のための N^2：Brotmesser n.　パン切りナイフ
　ⅲ）N^1（人／生物）のための N^2：Hundesalon m.　犬の美容室
④ 　N^1 が原因を表示；N^1 からの N^2：Schmerzensschrei m.　苦痛の叫び
⑤ 　N^1 が手段を表示；N^1 による N^2：Wasserkühlung f.　水冷
⑥ 　N^1 が比較／比喩を表示；N^1 のような N^2：Pulverschnee m.　粉雪
　　　　　　　　　　　　　　　　　　　　　　　　　　　（→比喩複合語）
⑦ 　N^1 が付加物を表示；N^1 が付いている N^2：Stacheldraht m.　有刺鉄線
⑧ 　N^1 が全体を表示；N^1 の部分である N^2：Schuhsohle f.　靴底
⑨ 　N^1 が素材を表示；N^1 の素材から成る N^2：Lederschuh m.　皮靴
⑩ 　N^1 が構成員を表示；N^1 から成る N^2：Männerchor m.　男性合唱団
⑪ 　N^1 が所有者を表示；N^1 が所有する N^2：Feindesland n.　敵国［領］
⑫ 　N^1 が関係を表示；N^1 と親戚関係の N^2：Bruderssohn m.　甥
⑬ 　N^1 が動作主を表示；N^1 が作り出す N^2：Bienenhonig m.　蜂蜜
⑭ 　N^1 が被動作体を表示；N^1 になされる N^2：Kohleabbau m.　石炭採掘

⑮　N¹がテーマを表示；N¹に関する N²：Bedeutungslehre f.　意味論
⑯　N¹が度合いを表示　　　　　　　　　　　（→程度形容複合語）
　　N¹のように大きい N²：Riesenskandal m.　大醜聞
　　N¹のように小さい N²：Zwerghuhn n.　ちゃぼ
⑰　N¹が分量・占有率を表示
　　N¹の示す分量の N²：Teilbetrag m.　分割金額　Vierteljahr n.　1/4 年
◇　複数の解釈が可能な場合もある.例えば Universitätsbibliothek (f. 大学図書館) は N¹が場所であるとも所有者であるとも考えられる.
◇　また，限定複合語の⑥「比較/比喩」はとくに，比喩複合語（次項）として，⑯「度合い」は程度形容複合語（次々項）としてまとめることができる.

（2）　比喩複合語
　名詞＋名詞の複合による比喩の造語は盛んで，つぎのようなタイプに分けられる：
①　全体がひとつになって隠喩的に事物を言い換えているタイプ：
　　Eselsohr n.　（ロバの耳 →）本の端の（目印用）折り込み
　　Gänsefüßchen pl.　（鵞鳥の小さな足 →）引用符（„ ")
　　Fuchsschwanz m.　（きつねのしっぽ →）手挽きのこぎり
②　N¹がまるで N²のようであるというタイプ：
　　Mondsichel f.　鎌のような月　Tränenstrom m.　滝のように溢れる涙
③　N²がまるで N¹のようであるというタイプ：
　　Bogenbrücke f.　アーチ型の橋　Mandelauge n.　アーモンド形の目
　　Schmutzfarbe f.　（汚物のように）くすんだ色
④　人間を動物や物にたとえてからかうタイプ：
　　Bücherwurm m.　本の虫　Pechvogel m.　運の悪い人
　　Geldsack m.　成金
◇　Dickkopf (m. 大きな頭 → 頑固な人) のような，形容詞＋身体名詞による悪態めいた表現は所有複合語として別に分類する（→7.2.2.1.2.の(2)）.
⑤　植物の命名にも比喩複合語が利用される：
　　Löwenzahn m.　タンポポ　Froschlöffel m.　ミズオオバコ

7.2. 造　　　語

(3) 程度形容複合語

　また，複合語の N¹ が N² の概念を強めたり，弱めたりするタイプがある．程度を強める造語を**拡大造語** Augmentativbildung，反対に程度を弱める造語を**縮小造語** Diminutivbildung という．拡大造語かどうかを判定する基準は N¹ を程度の副詞 (→ 5.2.1.) のように「とても大きい〜」あるいは「主な〜」と言い換えられることである．

　日常語では「とてもひどい〜」を表現するために，N¹ に Bombe (爆弾)，Heide (異教徒)，Hölle (地獄)，Mord (殺人)，Tod (死) などの語が用いられる．辞書に riesen- (巨大な，ものすごい)，bomben- (非常な)，heiden- (法外な，どえらい)，höllen- (恐ろしい，大変な)，mords- (ひどい) などの形で登録されていて (小学館『独和大辞典』)，形容詞にも付加する．これらの語が拡大・強調の意味で使われるとき，ふつう N² に本来備わっているアクセントが生かされる．その結果，一つの単語に二つのアクセントが併存することになる．

　　　Riesenbau m.　巨大建造物　　　Riesenkonzern m.　巨大コンツェルン
　　　Bombenpreis m.　驚くほどの高(安)値　　Heidenarbeit f.　大変な(量の) 仕事　　Höllenlärm m.　大喧噪　　Mordsspektakel m.　どえらい騒ぎ

N² が Haupt (m. 頭)，Grund (m. 根底) などにより「主な〜」という意味にとりたてられている造語がある：

　　　Haupt-：Hauptmahlzeit f.　(一日の) 主食事　　Hauptfaktur f.　主要因
　　　Grund-：Grundbegriff m.　基本概念　　Grundgesetz n.　基本法
　　　Spitzen-：Spitzensportler m.　トップクラスのスポーツ選手

　◇　haupt-, grund-, spitzen- は本来の意味を残しつつも接頭辞のように用いられている点で，擬似接頭辞 (→ 7.2.1.2.1. の (1) の注) と分類される場合がある．

　また，程度形容造語は使用者の感情がこめられるため，肯定的な意味をもつ語と，否定的な意味をもつ語の両極端がみられる：

　肯定的な意味をもつ N¹
　　　Glanz-：Glanzleistung f.　立派な業績　　Glanzpunkt m.　ハイライト
　　　Klasse-：Klassefrau f.　素晴らしい女性　　Klassespieler m.　超一流選手
　　　Luxus-：Luxusauto n.　デラックス・カー　　Luxuskabine f.　特等船室

語彙・造語

否定的な意味をもつ N^1

 Dreck-：Dr̩eckwetter n. ひどい天候 Dr̩eckzeug n. ［俗］がらくた
 Mist-：M̩istblatt n. くだらない新聞 M̩istding n. ［俗］粗悪な物
 Scheiß-：Scheißdreck m. いやなこと Scheißkerl m. いやな奴

◇ Dreck- や Mist- には，Dr̩eckbürste（泥落とし用ブラシ）や M̩istbeet（堆肥苗床）など，文字通り泥や堆肥を表す限定複合語があるので注意が必要．

さらに俗語で，いくつかの動物名詞も厭わしさを伴った「ひどい〜」という意味でつかわれる：

 A̩ffenhi̩tze f. ひどい暑さ Sa̩uarbeit f. 厭わしい仕事
 Hu̩ndekạ̈lte f. ひどい寒さ Schla̩ngenfraß m. 粗悪な食べ物

（4）明確化複合語

① 単一語の意味を明確にするため，N^2 が説明的に用いられている複合語がある：

 Fa̩rnkraut n. 羊歯（しだ）（Farn m. だけでも羊歯）
 Hasa̩rdspiel n. 賭事（Hasard n. だけでも賭事）
 Ka̩ndiszucker m. 氷砂糖（Kandis m. だけでも氷砂糖）
 Schạ̈delknochen m. 頭蓋骨（Schädel m. だけでも頭蓋骨）

これらは N^1 だけで複合語全体の意味をもち，N^1 の上位概念の N^2 は誤解の余地をなくするためのいわば補強である．

◇ Schwi̩egermutter (f. 姑) も元は明確化複合語である．Schwieger f. だけで「姑」という意味であったのだが，-mutter をつけて「義母」の意味をりたてた．そのような事情ののち，Schwieger- 自体は単独で用いられることがなくなって，現在は親族関係を表す複合語内でしか見られない．

② 難解な外来語にも説明のために本来語が付加されることがある．その場合は N^1 が翻訳ないし限定的説明を担当し，明確化の役目をする：

 E̩inzelindividuum n. 個人 Gru̩ndprinzip n. 根本原理
 Bri̩efskuvert m. 封筒

◇ 動物でオスかメスか，あるいは幼体かを表す単一語，例えば Rind (n. 牛)，Schwein (n. 豚) および Huhn (n. 鶏) に対応して，それぞれ Bulle (m. 牡牛) ─ Kuh (f. 牝牛) ─ Kalb (n. 仔牛)，Eber (m. 雄豚) ─ Sau

7.2. 造　語

(f. 雌豚) — Ferkel (n. 子豚)，Hahn (m. 雄鶏) — Henne (f. 雌鶏) — Küken (n. ひよこ) が存在するが，そのような対応語を持たない動物の場合には，必要に応じて，名詞＋名詞の複合語の形をとり，N²が雌雄を明確化する：

Hirsch m.： Hirschbock (m. 牡鹿)，Hirschkuh (f. 牝鹿)，Hirschkalb (n. 仔鹿)

Reh n.： Rehbock (m. 雄ノロジカ)，Rehgeiß/-ziege (f. 雌〜)，Rehkalb (n. 〜の仔)

　この際，-kuh, -geiß/-ziege, -kalb は本来の「牝牛」，「雌ヤギ」，「仔牛」の意味ではなく，雌雄あるいは幼体を表すだけの，接尾辞のような働きをしている．

(5)　並列複合語

名詞の並列複合語にはおよそ三つのタイプがある：

① 意味的に本来両立しない性質の名詞が結ばれた複合語：
Werwolf 狼人間（ときどき狼に変貌する人間，wer は Ahd. で Mann の意味）
Strumpfhose f.　パンティストッキング　Hemdhose f.　つなぎの下着
Nordost m.　北東　　Südwest m.　南西

② 意味的に両立可能な名詞が結ばれている複合語：
Dichterkomponist m.　作詞作曲家　　Arztkosmonaut m.　医師の宇宙飛行士

③ 限定的並列複合語：
　人物を表す複合名詞の中には，意味的に両立可能な名詞が結ばれているが純粋に並列複合語とはいえない限定複合との中間的なタイプがある：
Laienforscher m.　素人研究者（Forscher als Laie）
Gastprofessor m.　客員教授（Professor als Gast）
　これらの例では N¹ も N² も人に関する名詞であるが，N² には人ではなくて機構や組織が来ることもある：
Partnerstaat m.　（条約機構などの）参加国　　Bruderpartei f.　友党

7.2.2.1.2. ［形容詞＋名詞］の複合名詞
（1） 限定複合語
　第一構成素が形容詞である場合，名詞＋名詞の限定複合語に比べて，両構成素の意味的関係はさほど複雑でない．第一構成素の形容詞のもつ意味で，およそ次に示すような点に関して，第二構成素の名詞を修飾ないし限定する．
　① 外観に関して：Breitwand f.　ワイドスクリーン　　Kleinholz n.　たきぎ
　② 性質に関して：Schwermetall n.　重金属　Leichtplatte f.　軽量建材
　③ 色に関して：Schwarzerde f.　黒色土　　Weißwein m.　白ワイン
　④ 場所に関して：Fernlenkung f.　遠隔操作　　Nahbrille f.　［俗］老眼鏡
　⑤ 時に関して：Spätlese f.　（ぶどうの）遅摘み　　Frühstück n.　朝食
　⑥ 味覚に関して：Süßkartoffel f.　さつまいも　　Sauerkraut n.　ザウアークラウト

　形容詞＋名詞の複合語では，$(Adj+N^1)+(N^2)$ の複合の N^1 が省略された，枠造語形（→ 7.2.1.2.7.（3）の iv）が多くみられる：
　　Frei(licht)antenne f.　屋外アンテナ　　Frisch(gemüse)markt m.　生鮮市　　Kalt(luft)front f.　寒冷前線　　Breit(wand)film　ワイドスクリーン映画
　◇ 形容詞 frei は Freifahrkarte（無料乗車券），Freischule（無料授業）のように「無料の」の意味でも使われるので，ドイツ語学習者にとっては例えば Freibad が無料プールなのか屋外プールなのかわかりにくいことがある．「野外の」の意味の場合，枠造語形でなく，Freilicht- や Freiluft- による複合語のほうが意味が明確である：
　　Freilichtbühne f.　野外劇場　　Freiluftschule f.　林間学校

　また，alt（古い）や groß（大きい）という形容詞が，人を表す語に付加されている一連の複合語がある．
　alt-：役職名を表す名詞に付けて「（存命中の）元～」を意味する
　　Altbundeskanzler m.　元連邦首相　　Altbundespräsident m.　元連邦大統領
　　（alt- と同じく接頭辞 ex- も「前/元～」を表す：Exminister m.　前大臣）

7.2. 造　語

ober-：職業を表す名詞に付けて「〜長」を意味する
　　Oberarzt m.　主任医　　Oberingenieur m.　技師長
groß-：親族名詞に付けて一世代隔たった関係を表す
　　Großeltern pl. 祖父母　Großneffe m.　甥(姪)の息子
halb-：　Halbbruder　異父(異母)兄弟
◇　これらの場合の形容詞は本来の意味を失って接頭辞的な機能をもつにいたっている（擬似接頭辞）．

（2）　所有複合語

　形容詞＋名詞の組み合わせで特徴ある複合語は Rotkopf, Langbein などの所有複合語である．この複合語は第一構成素が主に身体部位を表す第二構成素を規定するが，文字通り「赤い頭」，「長い足」を意味するのではなくて，そういう特徴をもつ人物を指している．パラフレーズすると eine Person, die 〜 besitzt となる．

　　Rotkopf m.　［俗］赤毛の人　　Langbein m.　［俗］脚の長い人
　　Dickbauch m. 太鼓腹（の人）　Leichtfuß m.　［俗］（若い）無分別な男
◇　このように，複合語の表す意味（この場合は「〜の所有者」）がそれぞれの構成素の意味を足した以外のところに認められる場合を，**外心構造** exozentrische Konstruktion をもつ複合語という．それに対し，Esstisch (m. 食卓)，Schreibtisch (書斎机) はそれぞれ Tisch (机) の一種であり，複合語の意味は第二構成素の Tisch の下位区分であるので，**内心構造** endozentrische Konstruktion をもつという．
身体部位の延長として，人物が身に付けているものを第二構成素としてその人物を指すのは日本語でもドイツ語でもみられる：
　　赤シャツ(漱石『坊っちゃん』の登場人物の一人) Rotkäppchen　赤頭巾
　　Blaustrumpf 青鞜会々員/才気走った女性(英 bluestocking の翻訳借用)
　　　所有複合語は動物の命名にも用いられる：
　　Neunauge n.　ヤツメウナギ　　Schmalnasen pl.　オナガザル類
◇　このような所有複合語は，名詞＋名詞の形でも現れることがある：
　　Lästermaul n.　［俗］毒舌家　　Spitzbart m.　［俗］尖ったあごひげの男

（3） 程度形容複合語 Steigerungskompositum
　第一構成素の形容詞が第二構成素の程度を高めたり（拡大造語），弱めたり（縮小造語）するのに使われている．
　① **拡大造語**：
　　groß-：Großstadt f.　大都市　　Großproduktion f.　大規模生産
　　hoch-：Hochbetrieb m.　大にぎわい　　Hochkonjunktur f.　好景気
　　voll-：Vollautomat m.　完全自動機械　　Vollbeschäftigung f.　完全雇用
　次のような形容詞とでも良い意味に程度を高められる：
　　fein-：Feinkeramik f.　上質の焼きもの　Feinbearbeitung f.　精密加工
　　edel-：Edelholz n.　高級木材　　Edelmetall n.　貴金属
　② 反対に**縮小造語**のためには，上記の形容詞と反対の意味をもつ形容詞が用いられ，否定的な意味の付加されることが多い：
　　klein-, kleinst-：Kleinkind n.　幼児　　Kleinstbetrag m.　最低金額
　　kurz-：Kurzschluss m.　早まった推論　Kurzausbildung f. 付焼刃の教養
　　schwach-：Schwachstrom m.　弱電流　Schwachsinn m.　ばかげたこと
　　halb-：Halbbildung f.　はんぱな教養　Halbwahrheit f.　生半可な事実

7.2.2.1.3.　［動詞＋名詞］の複合名詞

　第一構成素を動詞語幹（あるいは語幹＋-e）とする複合名詞を V＋N として示した場合，次のように様々な意味関係の限定複合語がある：
　① V が目的を表示
　　ⅰ）V のための機器 N：Backform f.　菓子焼き型　　Spülmaschine f. 食器洗浄機
　　ⅱ）V のための場所 N：Waschraum m.　洗面所　Bethaus n.　祈禱所
　　ⅲ）V のための時間 N：Badezeit f.　入浴時間　Sprechstunde f.　診察時間
　　ⅳ）V をおこすための薬 N：Schlafmittel n.　眠り薬　Heilmittel 治療薬
　　◇　この Schlaf-, Heil- は名詞形とも考えられる（→ 7.2.2.3. 品詞転換名詞）．
　② V が行為/行動を表示
　　ⅰ）V する人/集団 N： Schwimmlehrer m.　水泳教師　Wanderbühne

— 102 —

　　　　　　　　7.2. 造　　語

　　　　　　f. 移動劇団
ⅱ）Ｖする動物Ｎ：Säugetier n.　哺乳類　　Wandervogel m.　渡り鳥
ⅲ）Ｖする機器Ｎ：Pfeifkessel　m.　笛吹きケトル　　Fahrstuhl　m.
　　　　　エレベーター
③　Ｖが被動作を表示：ＶされたＮ
　　Einschreibbrief m.　書留郵便　　Umhängtasche f.　ショルダーバック
　　Backapfel m.　焼き林檎　　Räucherlachs m.　　燻製の鮭
　　Mischfarbe f.　混合色　　Schlagsahne f.　ホイップクリーム
④　Ｖがテーマを表示：Ｖに関するＮ
　　Esskultur f.　食文化　　Lernkurve f.　学習曲線　　Sehvermögen n.
　　視力
⑤　Ｎがどのような様態であるかを説明するＶ
　　Ratespiel n.　あてっこ遊び　　Wandersport m.　スポーツとしての徒
　　歩旅行　　Stehimbiss m.　スタンド
⑥　Ｖが原因を表示：ＶによってできたＮ
　　Weinkrampf m.　泣きじゃくり　　Lachfalte f.　笑いじわ
⑦　予防：ＶをしないためのＮ
　　Beißkorb m.（＝Maulkorb）（動物の）口マスク

7.2.2.1.4.　その他の品詞との複合名詞
（1）　代名詞＋名詞
　単発的に人称代名詞，疑問代名詞，不定代名詞との造語がみられる：
　　Ichgefühl n.　自意識
　　Wiewort n. wie（どんな）を示す語＝形容詞（小学校低学年用の文法用語）
　　Werfall m.　主格　Wesfall　属格　Wemfall　与格　Wenfall　対格
　　Allwettermantel m. 晴雨兼用コート　Vielehe f. 一夫多妻／一妻多夫(制)
　　Selbsterkenntnis f.　自己認識　　Selbstmord m.　自殺

（2）　数詞＋名詞
　　Zweikampf m.　決闘　　Dreiklang m.　三和音
　　Fünfkampf m.　五種競技　　Nullwachstum n.　ゼロ成長
　　序数＋名詞の形：Zweitschrift f.　副本　コピー　　Drittperson f. 第三者

語彙・造語

(3)　不変化詞（前置詞，副詞など）＋名詞
　①　前置詞＋名詞
　　前置詞で，また副詞のように独立しても用いられる語が名詞との複合語を作る：

Ab-　　　［空間的］下方へ（Auf-の反対）　Abwind m.　下降気流
　　　　　廃棄物として　　　　　　　　　　Abfluss m.　排水
　　　　　あるいは軽蔑的な意味で　　　　　Abscheu m.　嫌悪
Auf-　　　［空間的］上方へ　　　　　　　　Aufzug m.　エレベーター
　　　　　追加　　　　　　　　　　　　　　Aufgeld n.　割増金
　　　　　始まり　　　　　　　　　　　　　Auftakt m.　幕開け
Aus-　　　［空間的］外で　　　　　　　　　Ausland n.　外国
　　　　　比喩的に，はずれて　　　　　　　Ausweg m.　逃げ道
Bei-　　　［空間的/時間的］そえの〜　　　　Beiwagen m.　サイドカー
　　　　　助手の〜　　　　　　　　　　　　Beikoch m.　副料理人
　　　　　付随物　　　　　　　　　　　　　Beiklang m.（言葉の）裏の響き
Binnen-　［空間的］内部で　　　　　　　　Binnenmarkt m.　国内市場
　(Binnnenlandは「内陸」．Ausland (外国)の対としてInland 国内/自国)
Gegen-　［空間的］逆らって　　　　　　　Gegenwind m.　逆風
　　　　　反対　　　　　　　　　　　　　　Gegenmeinung f.　反対意見
　　　　　おかえし　　　　　　　　　　　　Gegengeschenk n.
　　　　　　　　　　　　　　　　　　　　　　　　　お返しの贈り物
Mit-　　　人を表す名詞と，仲間の〜　　　　Mitarbeiter m.
　　　　　　　　　　　　　　　　　　　　　　　　　仕事(研究)仲間
　　　　　共同の〜　　　　　　　　　　　　Mitschuld f.　共同の責任
Nach-　　［時間的］後の　　　　　　　　　Nachfolger m.　後継者
　　　　　　　　　　　　　　　　　　　　　Nachspeise f.　デザート
Neben-　隣接の　　　　　　　　　　　　　Nebenzimmer n.　隣の部屋
　　　　　副次の　　　　　　　　　　　　　Nebenberuf m.　副業
Um-　　　［空間的］回りにある〜　　　　　Umwelt f.　環境
　　　　　［空間的］巡る運動　　　　　　　Umtrunk m.　回し飲み
　　　　　交換・転換　　　　　　　　　　　Umlaut m.　ウムラウト
Über-　　［空間的］上にある〜　　　　　　Überdecke f.　カバー

7.2. 造　語

	過度の	Überstunde f.　時間外労働
Unter-	［空間的］下方	Unterbett n.
		ベッドパット，下段ベッド
		Untergrund m.　地下
		Untertasse f.　（茶碗の）受け皿
	不足	Untermaß n.　不足量目
Vor-	［空間的］前	Vorgarten m.　前庭
	［時間的］前	Vorwahl f.　予備選挙
Wider-	逆の	Widersee f.　返す波
	反発の	Widerwille m.　嫌悪
Zu-	付加の	Zuname m.　家族名
		（Vorname に付加した名という意味）
Zwischen-	［空間的/時間的］間の	Zwischengeschoss n.　中間階
	暫定的な	Zwischenbilanz f.　中間決算

◇　前置詞＋名詞の造語には前置詞句が融合したものが多い（→ 7.2.1.2.4.）：

nach dem Tisch → Nachtisch m.　（食事の後で →）デザート
unter die Hose → Unterhose f.　（ズボンの下に →）ズボン下
　このような合接語も，それぞれ Tisch や Hose の一種ではなくて，外心構造をもっている。Vormittag (m. 午前)，Nachmittag（午後）も合接によってできた語である。

② 副詞＋名詞
　gestern, heute, da, dort, hier などと名詞との複合はないが，時の副詞 sofort, 程度の副詞 beinahe, fast との造語がみられる：
　　Sofortprogramm n.　応急対策　　Beinahekollision f.　衝突寸前
　　Fastzusammenstoß m.　ニアミス
否定副詞 nicht は「非～」として，複合名詞を作る：
　　Nichtmitglied n.　非会員　　Nichtraucher m.　非喫煙者
　　Nichtkatholik m.　非カトリック教徒　　Nichtgewalt f.　非暴力

7.2.2.1.5.　人名および地名との複合名詞

　人名と人名の複合は，ファーストネームがハイフンでつながれている場合

や,旧姓と結婚後の姓をハイフンで併記する場合にみられる並列複合である．地名も合併後 Schleswig-Holstein などと書かれる．地名が普通名詞を規定する場合は，限定複合であるといえるが，その際もハイフンを付けることもできる：Frankfurt-Hauptbahnhof/ Frankfurt Hauptbahnhof（フランクフルト中央駅）．

固有名詞がハイフンなしで名詞と複合している場合がある：
（1） 固有名詞＋普通名詞
　① 歴史上有名な人名と普通名詞
　　Nobelpreis m.　ノーベル賞　　Steinerschule f.　シュタイナー学校
　② 神話および童話に登場する名と一般名詞
　　Evastochter f.　［戯］女の子　　Dornröschenschlaf m.　長い太平の夢
　③ 会社名と製品
　　Maggiwürfel m.　マギー固形スープ
　④ 産地名と一般名詞
　　Donaulachs m.　（ドナウ川などの）サケの一種
（2） 動詞語幹あるいは不定詞＋人名
　　この場合，複合語全体として一般名詞化しているが，ぞんざいで，軽蔑的な意味が付与されている．例えば, Susanne ズザンネの縮小形 Suse は動詞語幹に付加し「いつも～している女」を意味する女性名詞を作る：
　　Heulsuse f.　泣き虫（Heulliese, Heultrine という形もある）
男性名でこの不名誉な命名に関与しているのは, -fritze, -heini, -hans などである：
　　Meckerfritze m.　不平家　　Pfeifenheini m.　へたな審判/役立たず
　◇　同じく人名に由来するが, -bold（< bald(kühn)「(習慣的に)～する人」を意味する）や, -ian（< Jan < Johannes；形容詞について軽蔑的に「人」を意味する）は男性名詞を作る接尾辞として使用される：
　　-bold：Tugendbold　道徳ぶる人　　Saufbold　大酒飲み
　　-ian：Grobian　不作法者　　Dummerjan/Dummian　とんま

7.2.2.1.6.　接合要素について

複合語は，必ずしも，単純に語＋語の結合ではない．Tagebuch (n. 日記), Tagedieb (m. 怠け者), Tageszeitung (f. 日刊紙) において, -e- や -es- が接

7.2. 造　　語

合に介在している．このように複合語の構成素がお互いに接している位置に現れて相互を結びつける作用をする要素を**接合要素** Fugenelement と呼ぶ．最もよく現れるのが -s- で，これはもともと限定複合語の第一構成素に付加された単数2格の屈折語尾であったが，次第に統語的機能を失い，接合要素とみなされるようになった．従って Heiratsantrag (m. 結婚の申し込み)，Hochzeitskleid (n. 婚礼衣装) のように女性名詞の場合にも -s- が接合要素として認められる．接合要素には，この -s-/-es- の他に -e-, -er-, -en-, -ens- がある．

　第一構成素が形容詞の場合は形容詞語幹のみが利用され，接合要素は現れない．-e で終わる形容詞は，blöde → Blödsinn (m. 馬鹿げたこと) のように -e を無くして複合する．以下には，第一構成素が名詞と動詞の場合を挙げる．

（1） 第一構成素が名詞の場合

① **-e-**

規定語の名詞が複数形と感じられている：

Hundehütte f.　犬小屋　　Früchtebrot n.　干し果物入りパン

Mäusefalle f.　ねずみ捕り器（ただし Mausefalle の形もある）

② **-n-/-en-**

男性弱変化名詞の単数2格及び古い女性名詞単数2格語尾であった．規定語が女性名詞の場合，接合要素としてよく用いられる：

Heldentat f.　英雄的行為　　Sonnenschein m.　日光

Frauenkleid n.　婦人服

③ **-ens-**

Herzenswärme f.　心の温かさ（ただし Herzfrequenz f.　心拍数）

④ **-er-**

元来，複数語尾．規定語の意味が複数のときに現れる：

Kleiderschrank m.　洋服だんす　　Kindergarten m.　幼稚園

しかし，意味上単数であっても差し支えない場合にも用いられる：

Eierschale f.　卵のから　　Hühnersuppe f.　チキンスープ

⑤ **-s-/-es-**

ⅰ）規定語が男性名詞あるいは中性名詞の例：

Bundeskanzler m.　連邦首相　　Geisteswissenschaft f.　精神科学

Handwerksbetrieb m.　手工業の小企業

語彙・造語

ⅱ) -t に終わる女性名詞（→ 7.2.2.2.3. の（1））の大部分に -s- が付く：
　Geburtstag m.　誕生日　　Zukunftsplan m.　未来の構想
女性名詞の語末の -e が消去されたうえで，-s- が付く場合もある：
　Hilfskasse f.　救援基金　　Geschichtsschreiber m.　歴史編集者
但し，Liebe- では語末の -e が消去されずに，-s- が付くので注意：
　Liebesgedicht n.　恋愛詩　　Liebeskummer m.　恋の悩み
ⅲ) また，次のような派生辞で終わる語には -s- が付く：-heit, -keit, -ling, -schaft, -tum, -ung および外来の派生辞 -ion, -tät
　Wirtschaftshilfe f.　経済援助　　Frühlingsfest n.　春の祭り
ⅳ) 名詞化した不定詞にも -s- が付く：Lebensstil m.　ライフスタイル
⑥　-s- のない場合
ⅰ) -t に終わる単音節語（女性名詞）の後：
　Tatbericht m.　事実の報告　　Nothilfe f.　緊急救助
◇　なお，二音節の女性名詞で，語末の -e の消去後，-s- の挿入なしに第二構成素につながる語も多い：Schulfreund m.　学校友達
　Sprachfamilie f.　語族　　Wolldecke f.　ウールの毛布
ⅱ) 語末音が [s]，[ʃ]，[tz] の名詞：
　Glasfenster n.　ガラス窓　　Platzangst f.　閉所恐怖症
◇　-s- の有無で，複合関係が明らかになる場合もある：
　Vaterland n.　祖国（限定的並列複合語 → 7.2.2.1.1.（5）の③）
　Vatersbruder m.　父方のおじ（限定複合語 → 7.2.2.1.1.（1）の⑫）
◇　Land- は -s-/-es- が付くか付かないかで意味が異なる：
　国：Landesbrauch m.　国の風習　　Landsmann m.　同郷（同国）の人
　田舎（↔都会）：Landleben n.　田園生活　　Landmann m.　農夫

（2）第一構成素が動詞の場合
　①　語幹のみ：Sprechstunde f.　面会時間，診察時間
　②　語幹 -e-：Badezimmer n.　浴室　　Lesebuch n.　読本
　　　　　　　　Lösegeld n.　身代金
　③　-chnen, -cknen に終わる動詞は語幹の -n- を脱落させる：
　　rechnen → Rechenmaschine f.　計算機　　trocknen → Trockenstoff m.　乾燥剤（従って，trocknen から作られた語幹 trocken- は形容詞

— 108 —

trocken と同形になってしまう)

◇ 第一構成素が動詞か名詞かの違いを接合部で確認できることがある：
Rolltreppe f. エスカレーター　Blasmusik f. 吹奏楽(第一構成素は動詞)
Rollenkette f. ローラーチェーン　Blasenentzündung f. 膀胱炎(第一構成素は名詞)

7.2.2.1.7. 合接を伴う複合名詞

語句や文の合接に名詞が付加された語は複合語の一種で，合接の部分は第一構成素とみなすことができる (→ 7.2.1.2.3. の(2))：

① 形容詞＋名詞の句を第一構成素とする語
Großmannssucht f.　権勢欲（*Großmann）
Freilichtmuseum n.　野外美術館（*Freilicht）
形容詞の語尾を取り込んだままで作られた語もある：
das Rote Kreuz 赤十字 → Rote-Kreuz-Schwester　赤十字看護婦

② 前置詞＋名詞の句を第一構成素とする語：
Unterwassermassage f.　水中マッサージ（治療）
Vorweihnachtszeit f.　クリスマス前の[待降節の]時期

③ 文の合接を第一構成素とする語
キャッチフレーズ，決まり文句，挨拶ことばなどとの複合がみられる：
Stehaufmännchen n.　起き上がりこぼし
Do-it-yourself-Bewegung f.　日曜大工運動
Gutenachtgruß m.　おやすみの挨拶

7.2.2.2.　派生名詞

名詞の派生には，次の三つの場合がある．1.接尾辞による派生，2.接頭辞による派生，3.暗示的派生（幹母音造語，逆成）．

7.2.2.2.1.　接尾辞による派生名詞

名詞を作る接尾辞で最も生産的なのは，動作名詞/行為名詞 Nomen actionis を作る -ung と動作主名詞 Nomen agentis を作る -er である．まず，-ung の派生名詞の構造と意味を記述し，動作名詞を作る他の接尾辞，その後，動作主名詞を作る接尾辞などについて述べよう．

語彙・造語

（1） -ung

-ung は動詞語幹に付加して行為や出来事を表す女性名詞を作る：

enden → Ẹndung　語尾　　führen → Führung　統率

überraschen → Überraschung　驚き　ein|wirken → Einwirkung　影響

verabreden → Verabredung 約束　verbildlichen → Verbildlichung 具象化

◇　geben（与える），nehmen（取る），sprechen（話す），lesen（読む）などの単純動詞には -ung 形はない（*Gebung, *Nehmung, *Sprechung, *Lesung）．しかしそれらが前綴を伴う動詞になれば，その -ung 形は形成されることがある：Umgebung（環境），Vernehmung（尋問），Besprechung（話合い）．

◇　次の -ung 造語は，動詞句の合接に接尾辞 -ung が付いて作られた共成語である（→7.2.1.2.3. 共成）：

動詞句 Grundstein legen → Grundsteinlegung　礎石をおくこと，定礎

動詞句 verächtlich machen → Verächtlichmachung　侮蔑すること

　通常，*Legung, *Machung は独立の語としては用いられない．このことは日本語の「陣地取り」（←陣地を取る），「雪見」（←雪を見る），「がぶ飲み」（←がぶがぶ飲む）などにおいて，*とり（←取る），*み（←見る），*飲みが，単独では存在しないのとよく似ている．

-ung による派生名詞は，元になる動詞の種類により性質が異なっている：

① 他動詞からは行為を表す動作名詞が作られる：

hervor|bringen → Hervorbringung　生産

behandeln → Behandlung　取り扱い

◇　基礎となった他動詞による文と対応する名詞句を比較すると，他動詞の4格目的語が名詞句では2格で，また主体者が durch により表される：

Die Partei behandelte dieses Problem sorgfältig.

　　　　　　　　　　　　（党はこの問題を注意深く取り扱った）

⇒ bei der sorgfältigen Behandlung dieses Problems durch die Partei

　　　　　　（党によるこの問題の注意深い取扱いに際して）

② 自動詞あるいは再帰動詞からは過程を表す動作名詞が作られる：

sich heraus|bilden → Herausbildung　形成

entstehen → Entstehung　生成

7.2. 造　語

◇　元となった動詞が自動詞あるいは再帰動詞の場合，①の他動詞からの動作名詞と違って，自動詞の主語が2格名詞あるいは von ～で表される：
die Entstehung des Romans　この長編小説の成り立ち
die Entstehung von Gerüchten　うわさの発生
あるいは：Erderwärmung　地球温暖化（← die Erde erwärmt sich）

③　行為の結果生じたものを表す被成名詞 Nomen acti としても用いられる：
melden → Meldung　知らせ，通報　　leisten → Leistung　業績
meinen → Meinung 意見　　Bemerkung　見解　　Bildung　教養

◇　このような被成名詞の場合，①の動作名詞とは異なる書き換えになる：
Er hat den Unfall bei der Polizei gemeldet.
　　　　　　　　　　　　　　　　　（彼はその事故を警察に通報した）
⇒seine Unfallmeldung bei der Polizei（彼の警察への事故通報）
　（*die Meldung des Unfalls durch ihn とはならない）

④　被成名詞から，ことがら・物自体を個別的に表す用法に転ずる：
Erfindung　発明（品）　　Erfrischung　清涼飲料　　Lenkung　舵取り装置

⑤　集合名詞としても使われる．主に装着動詞 Ornativum から作られる：
bekleiden　衣類を着せる → Bekleidung　衣類
bewölken　雲で覆う → Bewölkung　（集合的に）雲

⑥　人の集合・機関を表す名詞としても用いられる：
Leitung　執行部　　Abteilung　（役所などの）課　　Regierung　政府
転じて個別的に人を指すこともある：
Bedienung　ボーイ，給仕人（被成名詞としては「サービス，給仕」）

◇　まれに名詞を基礎とする：
集合名詞：Satzung　[法律]定款　　Waldung　森林地帯

(2)　-nis

-ung の次に重要な動作名詞を作る接尾辞は -nis である．動詞，名詞，形容詞から中性または女性名詞を作る．中性名詞であるほうが多く，Versäumnis（怠慢）はかつては女性名詞としても用いられたが，現在は中性名詞である．女性名詞には，Besorgnis（心配），Finsternis（暗黒），Wildnis

（荒地），Kenntnis（知識）などがある．両方の性を保持している語の場合は，中性名詞としては具体的なものを表し，女性名詞のときは抽象概念を表すという意味上の区別がみられる：

Erkenntnis n. 判決　　Erkenntnis f. 洞察
Ersparnis n. 貯金，蓄え　　Ersparnis f. 節約

a．動詞を基礎とする -nis 派生名詞

① 動詞語幹からは行為を表す動作名詞が作られる：
Bedürfnis n.（← bedürfen）欲求　　Erlebnis n. 体験
その行為の結果得られたもの自体を表す場合もある：
Zeugnis n. 証明書　　Verzeichnis n. 目録

② 過去分詞からは出来事/行為の結果，さらにはその場所をも表す動作名詞が作られる：
Gedächtnis n. 記憶　　Bekenntnis n.（← bekannt）告白
Gefängnis n. 牢屋

◇ -ung と -nis は同じ動詞を基礎にして名詞を作ることがあるが，前者が行為を表す動作名詞を作るのに対し，後者は被成名詞を作る：
Erzeugung　発生させること――Erzeugnis f.　所産，製品
Begrabung　埋葬すること――Begräbnis f.　埋葬，葬式
　このような違いは統語的な違いにも現れる．-ung では基礎となる他動詞の４格目的語は２格になって付与されるが，-nis 名詞はそのような形をとることはできない：
Begrabung seines Sohns　⇒　Begräbnis von seinem Sohn
（彼の息子の埋葬）　　　　　*Begräbnis seines Sohns

b．名詞を基礎とする -nis 派生名詞

数は少なく，今日生産的ではない．元の名詞とあまり意味に差がないが優雅な意味合いをもつのが特徴である：
Bündnis n.（← Bund）同盟［雅］契り　　Bildnis n.（← Bild）［雅］肖像
Kümmernis f.（← Kummer）［雅］悲哀

c．形容詞を基礎とする -nis 派生名詞

-nis が形容詞に付加する場合は，その表す性質の抽象名詞化が多い：
Faulnis f. 腐敗　　Finsternis f. 暗闇　　Wildnis f.［古］荒れ
Geheimnis n. 秘密，秘事　　Gleichnis n. 肖像，比喩

7.2. 造　　語

（3） -e

　-e は，今日ではもはや -ung のように生産的ではないが，かつて主に動詞や形容詞から名詞を作る接尾辞としてよく用いられた．強変化動詞からの場合は現在語幹のみならず，過去形または過去分詞の母音を有することがある．形容詞からは Güte（善意），Röte（赤み），Nähe（近隣）のように変音するものが多い．大部分が女性名詞である．これらの -e の形をとる名詞は今日単一語として受け取られることが多いが，次のように様々な語から派生したものである．

a．動詞を基礎とする -e 派生名詞
　① 動詞語幹から
　ⅰ) 動詞の表す活動が具現する場所
　　　Bleibe　[俗]宿　　Schwemme　（家畜の）水洗い場/馬洗い場
　ⅱ) 動詞の表す活動により機能する道具/機器
　　　Binde　包帯　　Liege　寝椅子
　　　Spüle　流し　　Reibe　おろし金　　Anrichte　配膳台（台所用品名に多い）
　◇　ただし，Säge（鋸）は sägen（鋸で切る）から派生したのではなく，Säge から sägen が形成された（→ 7.2.4.3.1.［名詞＋ (-en/-n)］）．
　ⅲ) 過程/出来事/行為
　　　Bitte　願い　　Pflege　世話　　Suche　探索
　　　Vorhersage　予想　　Nachfrage　照会　　Zusage　承諾
　② 動詞人称変化形から
　　　Wille m.（← ich will, er will）　意志
　　　Hilfe（← du hilfst, er hilft）　助け
　③ 過去語幹から
　　　Gabe（← geben-gab）　賜物　　Sprache（← sprechen-sprach）　ことば
　◇　-nahme（← nehmen-nahm）の形は存在しないが，前綴をもつ動詞や動詞句からの場合には形成可能である：
　　　Einnahme（←ein|nehmen）収入　Bezugnahme（←Bezug nehmen）関連づけ
　　　Inbetriebnahme（← in Betrieb nehmen）　操業開始
　◇　接頭辞 Ge- ＋動詞語幹＋ -e の名詞については → 7.2.2.2.2.の（2）．

b．形容詞を基礎とする -e 派生名詞
　① 　形容詞の属性の抽象名詞化：
　　　Fẹrne　遠方　　Stạ̈rke　強さ　　Schwạ̈che　弱まり
　　　形成された抽象名詞がさらに具体的な事物を指すこともある：
　　　Sạ̈ure　酸味→酸　　Flạ̈che　平地　　Họ̈hle　洞穴
　② 　度量衡を表す抽象名詞：
　　　Grọ̈ße　大きさ　　Lạ̈nge　長さ　　Brẹite　幅
　　　Họ̈he　高さ　　Tiẹfe　深さ　　Dịcke　厚さ
　◇　すべての形容詞が -e による名詞化をするわけではない．もともと -e に
　　終わる feige, müde などは -heit/-igkeit により抽象名詞が作られる：
　　　Fẹigheit f.　臆病　　Vạgheit f.　あいまいなこと　　Mụ̈digkeit f.　疲労
　◇　-heit/-keit/-igkeit による派生と -e による派生との二通りの形式を持ち，
　　意味上の差によって使い分けられているものもある：
　　　Sụ̈ße　甘美さ――Sụ̈ßigkeiten pl.　甘い菓子類
　　　Schwẹre　重み――Schwiẹrigkeiten pl.　困難，障害
c．名詞を基礎とする -e 派生名詞
　学問領域を表す -(o)logie の -ie を削除したあと，-e をつけ，その研究者を
意味する男性名詞を作る：
　　　　Psychologie → Psychologe　心理学者
　　　　Soziologie → Soziologe　社会学者
　　　　Theologie → Theologe　神学者　　Geologie → Geologe　地質学者
　◇　ただし，-sophie, -urgie などでは，-ie を削除したままである：
　　　　Philosophie → Philosoph　哲学者　　Chirurgie → Chirurg　外科医

(4) -heit/-keit/-igkeit
a．形容詞を基礎とする -heit/-keit/-igkeit 派生名詞
　① -heit
　　　単音節の形容詞あるいは複合形容詞や過去分詞に付いて，性質や状態
　　を表す女性名詞を作る．歴史的には，「方法，性質，特性，人物，身分」
　　という意味の中高ドイツ語の名詞 heit に溯ることができる：
　　　Fạulheit　怠惰　　Schọ̈nheit　美しさ　　Wạhrheit　真実
　　　Ụngleichheit　不平等　　Schrẹibfaulheit　筆不精

7.2. 造　　語

Geübtheit　熟練　Gelassenheit　平静　　Verlegenheit　当惑
　　人間の特性を抽象的に表す名詞としての他，ふるまいや行為の一つ一つを表すことがある．従って複数形が可能である：
Frechheit(en)　厚かましい言動　　Derbheit(en)　野卑な言動
さらにはその性質をもつ人自体を指す：　Schönheit　美人

② -keit
　　-keit は中高ドイツ語の接尾辞 -ec(-ig) と -heit との発音上の融合によってできた，-heit の新しい形態である．さらに -ekeit の発音の明確化のために③の -igkeit が生じた．-keit は -ig に終わる形容詞のみならず，-bar, -lich, -sam の派生辞をもつ形容詞，および -el,-er に終わる形容詞に付加される：

-ig-keit　　：Ewigkeit　永遠　　　Fertigkeit　熟練
-bar-keit　 ：Dankbarkeit　感謝　　Fruchtbarkeit　豊饒
-lich-keit　：Herrlichkeit　華麗　　Öffentlichkeit　（集合的に）公衆
-sam-keit　 ：Einsamkeit　孤独　　Langsamkeit　緩慢
-er-keit　　：Heiterkeit　明朗　　Tapferkeit　勇敢さ
　　　　　　　　　　　　　　　　　（但し Sicherheit　安全）
-el-keit　　：Eitelkeit　虚栄心　　Übelkeit　吐き気
　　　　　　　　　　　　　　　　　（但し Dunkelheit　暗さ）

③ -igkeit
　　-igkeit は単音節の形容詞，-e で終わる形容詞，および -haft と -los による派生形容詞に付加される：

Frömmigkeit(← fromm)　敬虔　　Feuchtigkeit(← feucht)　湿気
Müdigkeit(← müde)　倦怠　　Behendigkeit(← behende)　敏捷
-haft-igkeit：Ernsthaftigkeit　真面目さ　Zweifelhaftigkeit　疑わしさ
-los-igkeit ：Schlaflosigkeit　不眠　　Arbeitslosigkeit　失業

◇　-igkeit と -heit の両方の形が存在する場合，前者が具体的なものを指し，後者が抽象的な意味をもつことが多い：
　　Kleinigkeit　些細なこと/もの ― Kleinheit　小ささ
　　Neuigkeit　ニュース　　　　 ― Neuheit　新しさ

b．名詞を基礎とする -heit 派生名詞
　　名詞を基礎とするときは，もっぱら -heit が用いられる．その名詞が表す総

合的な状態のほかに，人の集合を表す：
　　Gott → Gottheit　神性，神　　Tor → Torheit　愚かさ
　　Kind → Kindheit　幼年時代　　Mensch → Menschheit　人類
　　Christ → Christenheit　キリスト教界，（集合的に）キリスト教徒

（5）-schaft
　-schaft は schaffen（作る，創造する）の名詞形 ahd. scaf「創造，性質，様子」が接尾辞となったもので，人や物の集合名詞や，状態，活動，関係などを表す抽象名詞を作るのに使われる．接尾辞 -schaft を伴う名詞はすべて女性名詞である．
　a. 名詞を基礎とする -schaft 派生名詞
　① 人を表す名詞を基礎にし，主として社会的階層やグループを表示する．
　　基礎となる名詞には単数形の場合と複数形の場合がある：
　　Mannschaft　チーム　　Bruderschaft　（信徒の）信心会
　　Kollegenschaft　同僚　Ärzteschaft　医者　Lehrerschaft　教師陣
　② 同じく人を表す名詞を基礎とするが，状態や内的関係を意味する：
　　Freundschaft　友情　　Brüderschaft　兄弟関係
　　Vaterschaft　父たること/父子関係
　◇ Botschaft（大使館），Gesellschaft（社会），Wirtschaft（経済）もそれぞれ Bote（使節），Geselle（仲間），Wirt（亭主）という人を表す名詞から作られた語であるが，今日その元の語との関連性はさほど意識されなくなってしまっている．Elternschaft には「父兄」という前述①の意味と「親子の関係」という②の両方の意味がある．
　③ 人を表す名詞以外にも結びつき，その領域を集合的に表示する：
　　Ortschaft　集落　　Landschaft　地方，風景
　　Gewerkschaft　労働組合　　Briefschaften　郵便物
　b. 動詞を基礎とする -schaft 派生名詞
　　過去分詞に付加：その動詞の動作がなされた結果の状態を意味する
　　Gefangenschaft　とらわれの身　　Bekanntschaft　面識
　　Verwandtschaft　親戚関係
　　不定詞に付加：Wissenschaft　科学　　Leidenschaft　激情

7.2. 造　　語

　　　　　　Rechenschaft　釈明（rechnen より，ただし -n- 脱落）
c．形容詞を基礎とする -schaft 派生名詞
　　集合を表す名詞や，状態または性質を表す抽象名詞を作る：
　　Gemeinschaft　共同体　　Bereitschaft　～する用意のあること
　　Schwangerschaft　妊娠（状態）
　◇　-schaft と -tum（次項）の両形が存在する場合，一般に -schaft は集合状態を表し，-tum はその内的な性質を表す：
　　Beamtenschaft　公官吏 — Beamtentum　お役所ふう
　　Bürgerschaft　市民 — Bürgertum　市民層，市民階級
　　Bauernschaft　農民，村民 — Bauerntum　農民の身分，農民気質

(6)　-tum

　-tum はおもに人を表す名詞，まれに形容詞，動詞について，中性名詞を作る．ただし Irrtum（誤り），Reichtum（富）は例外的に男性名詞である．
a．名詞を基礎とする -tum 派生名詞
　①　-schaft と同様，政治的社会的階層を表す：
　　　Soldatentum　軍人の身分，軍人　　Bürgertum　市民層，市民階級
　②　人を表す名詞に特徴的な性質および行為を表示する：
　　　Menschentum　人間性　　Volkstum　民族性
　　　Epigonentum　追従主義，亜流の人々　　Künstlertum　芸術家かたぎ
　③　身分や称号の名詞からはその領土，あるいは権限を意味する：
　　　Königtum　王国　　Fürstentum　侯爵領　　Bistum（← Bischof）司教区　　Kaisertum　皇帝の権威　　Papsttum　教皇職，教皇権
　④　宗教，思想，文化を意味する：
　　　Christentum　キリスト教　　Kantianertum　カント主義
　　　Germanentum　ゲルマン民族性
b．形容詞を基礎とする -tum 派生名詞
　　Deutschtum　ドイツ的であること，ドイツ人
　　Reichtum m.　富　　Eigentum　財産
　◇　-tum と -heit/-keit/-igkeit の両形が存在する場合，前者は形容詞の意味するものが保持されている事物を指すのに対して，後者は抽象的な意味をもつことが多い：

Eigentum　財産　　　— Eigenheit　特異性
　　　Heiligtum　神聖な場所 — Heiligkeit　神聖なこと
　ｃ．動詞を基礎とする -tum 派生名詞
　　　Irrtum m.　誤り　　Wachstum　成長

（７）　-sal
　「〜の状態，〜の状態のもの」を意味する抽象名詞である．一般に動詞を基礎にした場合は中性名詞で，名詞や形容詞を基礎にしているものは女性名詞である．-sal は今日生産的でなく，派生語の数は少ない：
　ａ．動詞を基礎とする -sal 派生名詞
　　　Schicksal n. (← schicken)　運命　　Labsal n. (← laben)　なぐさめ
　　　Wirrsal n. (← wirren)　混乱
　ｂ．名詞を基礎とする -sal 派生名詞
　　　Drangsal f. n. (← Drang)　困窮　　Mühsal f. (← Mühe)　辛苦
　ｃ．形容詞を基礎とする -sal 派生名詞
　　　Trübsal f. (← trübe)　悲しみ

（８）　-sel
　（７）の -sal に由来するが，今日 -sal よりは生産的である．-sel が付加すると幹母音は変音する．-sel 派生語の性は中性であるが，男性名詞を作る接尾辞 -el（次項）の影響を受けて，der/das Häcksel (← hacken；刻みわら) のように誤って男性名詞として通用している語もある．主に動詞語幹に付加され，語幹末が l, m, n, ng, r の後では [⋯zəl]，それ以外の子音のあとでは [⋯səl] となる．その行為の結果もたらされた具体的な事物を表す：
　　　Rätsel n. (←raten)　なぞなぞ　Mitbringsel n. (旅先からの) おみやげ
　　　Stöpsel m. (← stoppen)　コルク栓　Fegsel m. (← fegen)　チリ，ゴミ
　縮小または軽蔑の意味合いが付加されることがある．ことに接頭辞 Ge- がつけられた場合はそうである：
　　　Geschreibsel n. (← schreiben)　書きなぐったもの，駄作
　　　Gereimsel n. (← reimen 韻をふませる)　下手な詩

7.2. 造　　語

（9）　-el

　-el はおもに動詞語幹に付き，「～する道具」を意味する男性名詞を作る．今日生産的ではないが，道具自体の存在とともにその -el による派生名詞も多く残っている．Ärmel m. (← Arm m. 袖)，Eichel f. (← Eiche f. オークの実) のように名詞を基礎とする -el 派生語も存在する．なお，同音の，縮小辞としての -el は → 7.2.2.2.1.の(15)．

　① 動詞語幹から
　　Deckel(← decken)　ふた　　Hebel(← heben)　てこ
　　Schlägel(← schlagen)　（鉱夫用）ハンマー
　　Stichel(← stechen-du stichst)　彫刻刀
　② 動詞からの暗示的派生名詞（→ 7.2.2.2.3.の(1)）より
　　Stachel(← Stach ← stechen)　とげ，針，ぎざぎざ
　　Zügel(← Zug ← ziehen)　手綱　　Flügel(← Flug ← fliegen)　つばさ
　　Schlüssel(← Schluss ← schließen)　鍵
　　元の動詞が不明であるが頻繁に用いられている語：
　　Meißel　鑿（のみ）　　Löffel　さじ　　Wirbel　うず
　③ まれに行為者名詞を作ることがある：
　　Süffel　大酒飲み

（10）　-er

　今日きわめて生産的な接尾辞のひとつに -er がある．ラテン語の -arius（～する人）に由来し，動詞語幹から，また名詞から男性名詞を作る．次項の -ler, -ner も -er の変形としてまとめることができる．tanzen → Tänzer, Schule → Schüler など，基礎とする語の幹母音が変音する場合がある．

　　◇　ただし，Schlager(ヒットソング)：Schläger(ラケット)，Hocker(腰かけ)：Höcker（こぶ）の区別に注意．

　a. 動詞を基礎とする -er 派生名詞
　① 動詞語幹からは，その行為を行う人を表す動作主名詞が形成される：
　ⅰ）職業として：Lehrer　教師　　Schneider　裁縫師　　Bäcker　パン屋
　ⅱ）習慣的に　：Raucher　喫煙者　　Sammler　収集家　　Bewohner　住民
　ⅲ）場面的に　：Leser　読者　　Käufer　買い手　　Gewinner　勝者
　　◇　しかし，Fahrer は職業名としても，場面的にドライバーとしても用い

られることがあるので，この区分は流動的である．
　名詞を含む動詞句からも，共成の造語法により，動作主名詞が形成される．職業名であることが多い：
　　Schuhe machen＋ -er → Schuhmacher　靴屋
　　Dach decken＋ -er → Dachdecker　屋根ふき職人
　　Arbeit geben＋ -er → Arbeitgeber　雇用者
　　Arbeit nehmen＋ -er → Arbeitnehmer　労働者
②　動詞語幹或いは名詞を含む動詞句から, 機器を表す名詞が形成される：
　　Empfänger　受信機　Kocher　湯沸かし，コッヘル　Kühler　冷却装置
　　Feuer löschen（火を消す）＋ -er → Feuerlöscher　消火器
　　Staub saugen（ほこりを吸い取る）＋ -er → Staubsauger　電気掃除機
　　Büste halten(胸を保持する)＋ -er → Büstenhalter　［服飾］ブラジャー
③　動物の命名に使用される：
　　Erdläufer　トカゲ，ムカデ　　Holzhacker　キツツキ（啄木鳥）
④　人間の発する声，ダンスの動き，また人間の間違った行為などにも -er の造語がみられる：
　　Ächzer　うめき声　　Lacher　笑い声
　　Walzer　ワルツ　　Hopser　急テンポの踊り
　　Fehler　誤り　　Versager　ヒットしないはずれのもの
b. 名詞を基礎とする -er 派生名詞
①　職業を表す名詞．古くからある造語で，伝統的な職業名が多い：
　　Gärtner(← Garten)　庭師　　Fleischer(← Fleisch)　肉屋
　　Schäfer(← Schaf)　羊飼い　　Sattler(← Sattel)　鞍職人，皮革職人
②　外来語 -ik に終わる名詞から，それに属する人或いは職業名を表す：
　　Musiker　音楽家　Kritiker　批評家　Chiropraktiker　整体治療師
　　-ie に終わる語からはこれらにならって，-ik-er となる：
　　Chemiker(← Chemie)　化学者
　　Akademiker(← Akademie)　大学卒業者
③　国名や地名に付加し，国民や住民を表す：
　　Italiener　イタリア国民　　Österreicher　オーストリア国民
　　Schweizer　スイス国民　　Japaner　日本人
　　Berliner　ベルリン市民　　Römer　ローマ市民

7.2. 造　　語

　語末音によっては，口調上，様々な接合音が挿入される：
　　Tokio-*t*-er　東京都民　　Amerika-*n*-er　米国人
　　Münster-*an*-er　ミュンスター市民　　Hannover-*an*-er　ハノーヴァー市民
　逆に -en で終わる地名には -en を削除して -er を付加することがある：
　　Sọlinger　ゾーリンゲン市民　　Brẹmer　ブレーメン市民
　④　乗物名，機械名
　　Dạmpfer　汽船　　Bọmber　爆撃機　　Lạster　トラック
　　Mụ̈nzer　硬貨公衆電話
c. 数詞を基礎とする -er 派生名詞
　基数につけて，その数に関係のある事物，貨幣，人などを表す：
　　Zweier　(成績の) 2　　Zweier　二番コースのバス
　　Zẹhner　10ペニヒ硬貨　　Zwạnziger　20マルク紙幣
　　Mịttvierziger　四十代半ばの男

(11)　-ler

　動詞 bẹtteln (物乞いする) や，名詞 Sạttel (鞍) からの, -e-の脱落を伴う造語，Bẹttler (乞食), Sạttler (鞍職人) が，Bett-ler, Satt-ler と分析されるようになった結果，-ler が独立の接尾辞として発達した．語末が -t, -d に終る名詞によく付き，行為者名詞を作る：
　　Spọrtler　スポーツマン　　Kụ̈nstler　芸術家　　Wịssenschaftler　科学者
-ler には軽蔑的なニュアンスが加わっている語もある：
　　Nạchzügler　遅れて来た人，遅刻者
　　Gewịnnler (← gewinnen)　不当利得者

(12)　-ner

　Gạrten (庭)，Wạgen (車) からの -e-の脱落を伴う造語，Gärtner (庭師)，Wagner (車職人) が，Gärt-ner Wag-ner と分析されるようになった結果，-ner が独立の接尾辞として発達した：
　　Rẹntner (← Rente f. 年金)　年金生活者
　　Schụldner (← Schuld f. 債務)　債務者
　　Blẹchner　ブリキ職人　　Pfö̈rtner　守衛　　Brụ̈ckner　橋番人

(13) -ling

　動詞，名詞，形容詞，数詞から人や動植物などを表す男性名詞を作る．それらの派生名詞は「小さい，一人前でない」，さらには「ちっぽけな，取るに足りない」という否定的な意味をもつことが多い．

a.動詞を基礎とする -ling 派生名詞
　① 動詞が表す行為を受ける人を意味する：
　　Fi̱ndling　拾い子（＜見つけられた子）
　　Le̱hrling　徒弟　　Prü̱fling　受験者　　Lie̱bling　お気に入り
　② 自動詞からはその行為を行う者，すなわち動作主名詞が形成される：
　　Sä̱ugling　乳飲み児
　　軽蔑的な意味合いをもつことが多い：
　　A̱nkömmling　新参者　　Ei̱ndringling　侵入者
　③ 物品，動植物名など
　　Pre̱ssling　プレス加工品　　Sti̱chling　トゲウオ　　Se̱tzling 苗木，挿し枝

b．名詞を基礎とする -ling 派生名詞
　① 人を表す場合，多くは誹謗の意味を含んでいる：
　　Hö̱fling　おべっかつかい　　Di̱chterling　へぼ詩人
　② 物品，動植物名
　　Fi̱ngerling　指さし　　Be̱inling　ズボンの脚の部
　　Grü̱ndling　川底にすむ小魚　　Pfi̱fferling　アンズタケ（食用きのこ）

c．形容詞を基礎とする -ling 派生名詞
　① 形容詞が表す特性をもつ人を，軽蔑的に言い表わす：
　　Fe̱igling　臆病者　　Dü̱mmling　愚か者　　Fre̱chling　ずうずうしい奴
　　本来ネガティヴな意味でない基礎語までも悪い意味に使われる場合がある：Schö̱nling　めかしこんだ若者　　Zä̱rtling　柔弱な人　　Ne̱uling 新米（ただし Fre̱mdling は雅語で「よその人，よそ者」の意味である）
　② 動植物名に用いられる：
　　Grü̱nling　[動] カワラヒワ，[植] キシメジ　　Sä̱uerling　スカンポ
　◇ Frü̱hling「春」も形容詞＋ -ling の語形である．

d．数詞を基礎とする -ling 派生名詞
　　基数：Zwi̱lling　双子　　Dri̱lling　三つ子，三連発銃

7.2. 造　　　語

　　序数：Erstling　第一子，処女作品
e．その他
　　Riesling　リースリング（ぶどう/ワイン種）　　　Sperling　すずめ
　　Schmetterling　蝶

(14)　-ei/-elei/-erei
　名詞および動詞から女性名詞を作る．-ei につねにアクセントがある．
　a. 名詞を基礎とする -ei/-elei/-erei 派生名詞
　①　主に行為者名詞について，そのなりわいが行われる場所を表す．職業を表す接尾辞 -er から派生することが多いのでたいてい -erei となる：
　　Brauerei　ビールの醸造所　　Bäckerei　パン屋
　　Druckerei　印刷業，印刷所　　Pfarrei(← Pfarrer)　牧師職，教区
　　Käserei(← Käse)　チーズ製造所　Mosterei(← Most)　ぶどう液圧搾場
　②　人あるいは動物の名詞に付いて，その特徴的な行動や状態を表す：
　　Flegelei(← Flegel 不作法者)　粗野な行為
　　Eselei(← Esel ろば)　愚行　　Ferkelei(← Ferkel こぶた)　不潔なこと
　③　物の名詞に付いて，集合名詞を作ることがある：
　　Bücherei　蔵書　　Kartei(← Karte)　カード式索引
　　Titelei(← Titel)　前付け（表題紙，口絵，序文，目次などの総称）
　　人を表す名詞でも集合名詞をまれに作る：
　　Reiterei(← Reiter)　騎兵隊
　④　上記②のような造語から軽蔑的な意味をもつ -elei の接尾辞が生じた：
　　Eifersüchtelei(← Eifersucht)　たえずつまらないことで焼くやきもち
　　Fremdwörtelei(← Fremdwort)　やたらに外来語を使うこと
　⑤　また，人の名詞＋ -erei で，ネガティヴな行為を表す語もみられる：
　　Dieberei(← Dieb)　盗癖　　Lumperei(← Lump)　みっともない行為
　　Kinderei(← Kind)　子供っぽい言動
　b. 動詞を基礎とする -ei/-erei 派生名詞
　①　-ei は -el (-n) に終わる動詞に付加し，繰り返される行為を揶揄的に表す：
　　Bummelei(← bummeln)　怠惰　　Liebelei(← liebeln)　戯れの恋
　②　-erei は動詞語幹や動詞句に付加し，この場合も繰り返される行為を意

味し，誹謗の意味を含んでいることが多い：
　　　Esser**ei**　大食らい　　Tanzer**ei**　いつまでも踊り続けること
　　　Träumer**ei**　夢想　　Rechthaber**ei**　常に自説が正しいと主張すること
　③　行為の結果生み出されたもの自体を指すことがある：
　　　Maler**ei**　（通常複数で）絵画　　Sticker**ei**　刺繡の飾り

(15)　縮小辞 -chen, -lein および -el

　-chen, -lein，いずれも名詞に付加し，小さいもの，可愛らしいものを意味する中性名詞を作る．-chen と -lein の使い分けは，基礎となる名詞の語末音に関するもの（原則として発音上同音の連なりを避ける），地方的な差異（上部ドイツでは -lein が好まれる），あるいは文体上の理由による．

　①　-chen

　　Hä̲uschen　小さな家　　Ki̲ndchen　幼児（複数形 Kinderchen）
　◇　Mä̲rchen（← Mär［雅］話；メルヒェン），Mä̲dchen（← Magd［雅］乙女；少女），Stä̲ndchen（← Stand 立っている状態；セレナーデ）などは語彙化して，元の語より多用されるようになったものである．

　　小さいもの，ささやかなものを意味するだけでなく，人を意味したり，物質名詞を個別化し，複数を作る場合にも用いられる：
　　dumm　（愚かな）→ Du̲mmerchen　おばかさん
　　Seele　(f. 魂) → Se̲elchen　（～の心の）持ち主
　　Staub　(m. ちり，ほこり) → Stä̲ubchen　ちり，ほこり（の一つ一つの粒）
　　Holz　(n. 木，木材) → Hö̲lzchen　小木片
　　その他，愛称として用いられることもある：
　　Mü̲tterchen　おかあちゃん，おばちゃん　　E̲vchen　エヴァ（Eva）ちゃん
　　Ro̲tkäppchen　赤頭巾ちゃん
　　-chen には -el-chen の拡張形がある：
　　Stange　支え → Stä̲ngelchen　小さな茎（従来の正書法では Stengelchen）
　　Sache　物 → Sä̲chelchen　こまごましたもの

　②　-lein
　　Frä̲ulein　お嬢さん　　Rö̲slein　小さなバラ
　　Bä̲chlein　小川　　Tü̲chlein　小さな布，はぎれ
　　語末が el の名詞の場合：

― 124 ―

7.2. 造　　語

Engel m.　天使 → Englein　小天使（別形 Engelein）
Vogel m.　鳥 → Vöglein　小さな鳥（別形 Vögelein）
Spiegel m.　鏡 → Spieglein　小さな鏡
（但しこれらには -chen 形もある：Engelchen, Vögelchen, Spiegelchen）
-lein には，ドイツ南部で，-el, -l, -le の異形がある：
Mädel n.　少女　Kindl n.　小さな子供　Spätzle pl.　［料］シュペッツレ
-lein は民話や童話で多用される：
Hämmerlein　妖精，悪魔（Hämmerchen は小さなハンマー）
Spieglein, Spieglein an der Wand　「鏡よ，壁の鏡よ」（白雪姫）

③　-el
-el は動詞からは道具を表す男性名詞を派生させるが（→ 7.2.2.2.1.（9））,
名詞からは縮小辞として中性名詞を作る：
Stange f.　支柱 → Stängel n.　茎（従来の正書法では Stengel と表記）
Bund m.　束 → Bündel n.　小束
Ranzen m.　背嚢 → Ränzel n.　小型の背嚢（はいのう）

(16)　性転化接尾辞 Movierungssuffix
①　-in
地位，職業などを表す男性名詞に付加し，その女性形を作る．語幹が a,
o, u, au であれば，おおむねウムラウトする：
Ärztin　女医　　Göttin　女神　　Schülerin　女生徒
Gattin　［雅］夫人　　Malerin　女性の画家

②　-(e)r, -(e)rich
これらの接尾辞は女性名詞しかない名詞の男性形を作りたいとき，その
女性名詞に付加される：
Hexe　魔女 → Hexer　男の魔法使い
Witwe　未亡人 → Witwer　男やもめ
女性名詞である動物名の雄を表示するのにも使われる：
Taube　鳩 → Tauber　　Katze　猫 → Kater
Ente　鴨 → Enterich　　Gans　がちょう → Gänserich

語彙・造語

(17) 外来の接尾辞
代表的な接尾辞とその例を挙げる：
① 人を表す接尾辞
 -and ：ラテン語系の動詞などに付けて「～される者」を表す
      Diplomand m.　大学卒業試験受験者
      Examinand m.　受験者
 -ant, -ent ：動詞などに付けて「～する人」を表す
      Demonstrant m.　デモをする人　　Dirigent m.　指揮者
 -eur ：Friseur(Frisör も可) m.　理容師
      Masseur m.　マッサージ師
 -ar, -är ：Missionar m.　宣教師　　Millionär m.　百万長者
 -ist ：Komponist m.　作曲家　　Pianist m.　ピアニスト
 -ier   Bankier m.　銀行業者
② 場所/施設を表す接尾辞
 -arium, -orium：Aquarium n.　水族館　　Auditorium n.　講堂
 -at ：Konsulat n.　領事館　　Antiquariat n.　古本屋の店
 -thek ：Bibliothek f.　図書館　　Pinakothek f.　絵画館
③ 行為，過程，状態，性質を表す接尾辞
 -anz, -enz ：Toleranz f.　寛容　　Konsequenz f.　首尾一貫
 -atur, -ur ：Reparatur f.　修理　　Prozedur f.　手続き
 -ion ：Explosion f.　爆発　　Funktion f.　機能
 -ismus ：Egoismus m.　エゴイズム
      Mechanismus m.　メカニズム
 -ament, -ement：Fundament n.　基礎　　Abonnement n.　予約
 -ität ：Nationalität f.　国籍，国民性
      Humanität f.　人間性
④ 行為の結果できたものを表す接尾辞
 -at ：Referat n.　研究報告　　Zitat n.　引用文
 -age ：Reportage f.　ルポルタージュ　　Bandage f.　包帯
 -ik ：Grammatik f.　文法　　Dialektik f.　弁証法（～学，～術）
     Kritik f.　批評　　Gestik f.　身振り

7.2. 造　　語

(18)　擬似接尾辞（→ 7.2.1.2.1. の（1）の注）

限定複合語の第二構成素であった名詞が，元の具体的な意味が希薄になり，接尾辞化しはじめている語には次のようなものがある：

① -gut：
ⅰ）動詞に付加して，材料を意味する中性名詞を作る：
　Kochgut　料理材料　　Mahlgut　粉挽きの材料　　Streugut　撒く砂や砂利
ⅱ）名詞に付いて集合名詞を作る：
　Formelgut　決まり文句　　Wortgut　語彙　　Liedgut　歌

② -leute：同種，同業の人々を表す複数名詞を作る
　Nachbarsleute　隣人たち　　Reitersleute　騎馬隊　　Spielleute　楽隊
◇　Kaufmann（商人），Zimmermann（大工）等の複数形にも -leute を用いる．

③ -material：事物を表す名詞に付いて中性の集合名詞を作る
　Schriftmaterial　文献資料　　Bildmaterial　視覚教材

④ -werk：名詞に付いて中性の集合名詞を作る
　Astwerk　木の枝葉，枝　　Blatt-/Blätterwerk　木の葉

⑤ -wesen
公共の施設の名詞に付いて業務，制度，組織を表す中性の名詞を作る：
　Bibliothekswesen　図書館業務　　Münzwesen　貨幣制度
動作名詞に付いて，その活動全般を表す名詞を作る：
　Rettungswesen　救助体制　　Haushaltswesen　家政

⑥ -zeug：
動詞，名詞に付いて，～するための道具/用品を表す中性の名詞を作る：
　Fahrzeug　乗り物　　Spielzeug　おもちゃ　　Schreibzeug　筆記用具
　Bettzeug　寝具　　Schulzeug　学校用品
名詞，形容詞に付いて，集合名詞を作る：
　Papierzeug　紙類　　Grünzeug　青物（野菜）

7.2.2.2.2. 接頭辞による派生名詞

（1） erz-
　① 最大, 最高, 第一を表す：
　　Erzbischof m. 大司教　　Erzpriester m. 首席司祭
　② 意味のよくない名詞と結びついてその意味を強める：
　　Erzschelm m. 大悪漢　　Erzschurke m. 大ペテン師

（2） ge-
　ge-は外来の接頭辞 kon-に等しく, 結合を表す.
　① 共にいる人物, あるいは共にいる者の集合を表す：
　　Gemahl m. 夫(敬語表現)　Geschwister n. 兄弟姉妹　Geselle m. 仲間
　② Ge-＋～＋-e の形で, 集合概念を表す名詞を作る：
　　Gebirge n. 山岳　　Gelände n. 地帯, ゲレンデ
　　接尾辞 -e を伴わないことも多い：
　　Gespräch(＜ Sprache)n. 会話　　Getränk(＜ Trank)n. 飲み物
　　Gebein n. 骨格　　Gehölz n. 林
　③ 動詞の語幹と結びついて, 行為の結果を意味する名詞を作る. -e が付けられたり, 語幹の後に -de を添えることもある：
　　Gebräu n. 醸造　　Geschenk n. 贈り物　　Gebinde n. 束ねたもの
　　Gebäude n. 建物　　Gemälde n. 絵画
　　反復される動作から軽蔑の意味をおびることがある：
　　Geschwätz n. おしゃべり　　Getue n. おおげさな振る舞い

（3） miss-
　元の語に対し, 失敗, 逆, 誤りなど悪い意味の反対語を作る：
　　Missernte f. 不作, 凶作　　Missheirat f. 不釣合いな結婚
　　Misserfolg m. 失敗

（4） un-
　① 元の語の, 否定, 反対を表す：
　　Undank n. 忘恩　Unordnung f. 無秩序　Unrecht n. 不正
　　Untiefe f. 浅瀬

7.2. 造　　　語

② 不良，悪いことを表す：
　　Untat f. 非行　　Unfall m. 事故　　Unkosten pl. 冗費
③ un-はまた元の語の意味を強めることがある：
　　Unmenge f. 多数　　Untiefe （①の意味以外に）極めて深い所，［雅］深淵

（5）ur-
① 人または物の始まりや源を表す：
　　Urmensch m. 原始人　　Ursache f. 原因　　Ursprung m. 起原
② 家族関係の名詞に付いて一世代前あるいは後を表す：
　　Urgroßvater m. 曾祖父　　Ururgroßvater 高祖父　　Urenkel m. ひまご

（6）外来の接頭辞
　次のような外来の語は自立的な意味をもつが，ドイツ語において単一語としてではなく接頭辞として名詞や形容詞と結びついて一連の語を作る．

　　Mikro-　（極小の）：Mikrofilm m.　マイクロフィルム
　　Makro-　（巨大な）：Makromolekül n. (Makromolekül も)　巨大分子
　　Mono-　（単一の）：Monokultur f.　単式栽培
　　Poly-　（多数の）：Polyglotte f.　多国語対訳書
　　Multi-　（多数の）：Multimedia pl.　マルチメディア
　　Pseudo-　（偽の）：Pseudoschwangerschaft f.　想像妊娠
　　Proto-　（第1の）：Prototyp (Prototyp も) m.　原型
　　Auto-　（自らの）：Autodidakt m.　独学者
　　Neo-　（新しい）：Neoimpressionismus m.　新印象派
　　Post-　（後の）：Postmoderne f.　ポストモダン
　　Semi-　（半分の）：Semifinale (Semifinale も) n.　準決勝
　　Top-　（最高の）：Topform f.　ベストコンディション
　　Vize-　（代理，副）：Vizepräsident m.　副大統領，副会長
　　Kon-(Kom-,Ko-)（同～，共～）：Kompatriot m.　同国人
　　　　　　　　　　　　　　　　（＝Landsmann）

後半部の省略により，独立して用いられる場合がある：

　　　　Mini-　（小さい）：Minikleid n.　ミニドレス
　　　　　　　　　　　　Mini n.　ミニ（の洋服）
　　　　Maxi-（丈のある）：Maxikleid n.　マキシドレス
　　　　　　　　　　　　Maxi n.　マキシ（丈の服）

7.2.2.2.3.　暗示的派生名詞
（1）幹母音造語
　強変化動詞はその過去形または過去分詞が不定詞と幹母音を異にする．このことを利用して強変化動詞の過去，過去分詞から多数の名詞が作られる．また，この造語法にならって現在形からも形成される場合もある．
　① 過去形の語幹から
　　Band(← binden-band) m.　（書物の）巻，　　Band n.　絆，リボン
　　Biss(← beißen-biss) m.　かむこと，噛み傷
　　Drang(← dringen-drang) m.　衝動
　　Gebot(← gebieten-gebot) n.　おきて，命令，告示
　　Griff(← greifen-griff) m.　つかむこと
　　Pfiff(← pfeifen-pfiff) m.　口笛をふくこと，吹奏
　　Schloss(← schließen-schloss) n.　錠，城
　　Schnitt(← schneiden-schnitt) m.　切ること，切開
　　Schritt(← schreiten-schritt) m.　歩み
　　Trieb(← treiben-trieb) m.　衝動，欲求
　　Zwang(← zwingen-zwang) m.　強制
　◇　過去語幹＋ -e の女性名詞については → 7.2.2.2.1.の(3)．
　② 過去分詞から：
　　Bund(← binden-gebunden) m.　（人と人との）結びつき，同盟
　　Fund(← finden-gefunden) m.　発見，拾得物
　　Trunk(← trinken-getrunken) m.　一飲み，［雅］飲み物
　　　o → u となる語もある：
　　Bruch(← brechen-gebrochen) m.　折れること，破損
　　Flug(← fliegen-geflogen) m.　飛ぶこと，飛行
　　Spruch(← sprechen-gesprochen) m.　格言，スローガン
　　　o → u となり，さらに -t が付いてできた古い派生語（女性名詞）も存

在する：
Zucht(← ziehen-gezogen) f.　しつけ，規律
Bucht(← biegen-gebogen) f.　湾，入り江
◇　-kunft も kommen より上述の過程を経て形成された語であり，ab-, an-, aus-, zurück- など多くの前綴を伴って，やはり女性名詞を作る：
Ankunft　到着　　Auskunft　情報，案内
Herkunft　由来　　Zukunft　未来
③　現在形（幹母音の変わる単数2，3人称）の語幹から
Stich(← stechen, du stichst) m.　刺すこと，刺し傷
Tritt(← treten, du trittst) m.　歩み，歩調

（2）　逆成による名詞の造語
逆成により得られる名詞には次の二つのタイプがある：
①　共成の過程を経て形成された形容詞が，その接尾辞を消去して名詞になる．外見は複合語と変わらない語形が得られる：
dreieckig　三角の　→ Dreieck n.　三角形，三角記号
sanftmütig　柔和な　→ Sanftmut f.　柔和
wehmütig　物悲しい　→ Wehmut f.　悲哀
◇　Sanftmut, Wehmut が Sanft-/Weh-＋Mut (m. 勇気) の複合語でないことはそれらが男性名詞でないことからも判断できる．女性名詞であるのは Demut (f. 謙遜)，Anmut (f. 優美) などからの類推であろう．
②　合接動詞（→ 7.2.4.4.）から，外見上は複合語と等しい名詞が形成される：
brandmarken　焼き印をおす　→ Brandmarke f.　焼き印
handhaben　取り扱う　→ Handhabe f.　手がかり
lobpreisen　誉めたたえる　→ Lobpreis m.　賞讃すること

7.2.2.3.　品詞転換名詞

形態の変化を伴わずに品詞を換え新しい語彙を作る品詞転換の造語法のうち，名詞の形成に関しては，動詞語幹 → 名詞，形容詞語幹 → 名詞のタイプがみられる．
①　動詞語幹からの転換名詞

強変化動詞より
fallen → Fall m. 落下　　graben → Grab m. 墓
leiden → Leid n. 悩み　　raten → Rat m. 忠告
schlafen → Schlaf m. 眠り　　schreien → Schrei m. 叫び
befehlen → Befehl m. 命令　　an|lassen → Anlass m. きっかけ
弱変化動詞より
blicken → Blick m. 見ること　　hauchen → Hauch m. 吐く息
rutschen → Rutsch m. 滑落　　besuchen → Besuch m. 訪問
entgelten → Entgelt n. 報酬　　erfolgen → Erfolg m. 成功
verhören → Verhör n. 訊問　　verkehren → Verkehr m. 交通

◇　この際，動詞語幹からの転換名詞であるのか，その過程とは逆の，名詞からの転換動詞（→ 7.2.4.3.1.）であるのかが問題となる．ことに次のような単一語は名詞と動詞のどちらが元になっているか判断が難しい：
baden — Bad n. 入浴　　danken — Dank m. 感謝
handeln — Handel m. 商売　　kaufen — Kauf m. 買うこと
spielen — Spiel n. 遊び　　wundern — Wunder n. 驚異
判断の目安のひとつは，名詞を元にしてできた動詞はウムラウトを起こすことが多いということである（Wut → wüten「暴れる」, Scham → sich schämen「恥ずかしく思う」）．

② 形容詞の中には，語尾無しにそのまま中性名詞になるものがある．これらの語は抽象的なもの，具体物および色彩を表す語，又は国語を意味する：
Gut　良きもの，財宝　　Übel　悪しきもの
Dunkel　くらやみ　　Tief　低気圧
Blau　青(色)　　Schwarz　黒(色)
Deutsch　ドイツ語　　Japanisch　日本語

7.2.3. 形容詞の造語

7.2.3.1. 複合形容詞

　複合形容詞は複合名詞同様，第一構成素にはおもに名詞，形容詞，動詞が用いられ，多くは限定複合である．schwarzweiß（白黒の）のような並列複

合は名詞の並列複合より頻繁に行われる．古い複合のタイプでは，b̲arfuß（はだしの），b̲arhaupt（無帽の）などの所有複合がいくつかみられたが，今日ではおおむね b̲arfüßig, b̲arhäuptig など，-ig との共成形にとって替わられている．現在分詞および過去分詞の形容詞化（統語的転換）も複合形容詞の第二構成素として取り扱う．

7.2.3.1.1. ［名詞＋形容詞］の複合形容詞
（1） 限定複合語
　名詞＋形容詞の複合形容詞において，両構成素の関係は次のように統語的に考えることができる：
① 第一構成素が形容詞の2格目的語の関係にある複合語
　　des Todes würdig → t̲odeswürdig　死(罪)に値する
　　der Hilfe bedürftig → h̲ilfebedürftig　援助の必要な，困窮している
② 第一構成素が形容詞の3格目的語の関係にある複合語
　　einem Engel ähnlich → e̲ngelähnlich　天使に似た
③ 第一構成素が前置詞句目的語の関係にある複合語
　　zum Kampf fähig → k̲ampffähig　戦闘力のある
　　an Erfolg reich → erf̲olgreich　成果の多い
　　zum Opfer bereit → o̲pferbereit　犠牲を厭わない
　　zu Kindern lieb → k̲inderlieb　子供好きの
④ 第一構成素が自由添加成分にあたる複合語
　ⅰ）第一構成素が場所を表すもの
　　an Herzen krank → h̲erzkrank　心臓病の
　　bis zum Boden lang → b̲odenlang　（すそが）床までの長さの
　　aus dem Ofen frisch → o̲fenfrisch　（ケーキなどが）焼きたての
　ⅱ）第一構成素が時間を表すもの
　　in der Nacht blind → n̲achtblind　夜盲症の
　　am Abend still → a̲bendstill　日が暮れて静かになった
　ⅲ）第一構成素が原因を表すもの
　　wegen des Regens glatt → r̲egenglatt　雨でつるつるした
　ⅳ）第一構成素が程度形容に貢献しているもの（→7.2.3.1.1.の(3)）
　　bärenruhig　［俗］ひどく落ち着きはらった

ⅴ）第一構成素が比較/比喩の働きをしているもの（→ 7.2.3.1.1.の(4)）
　　wie Tag hell → taghell　　昼のように明るい
　　wie Himmel blau → himmelblau　　空色の
　　wie Rubin rot → rubinrot　　ルビー色の
　現在分詞による複合形容詞では第一構成素の名詞は元の動詞の目的語である：
　　Arbeit erleichtern → arbeitserleichternd　　労働を軽減する
　過去分詞による複合形容詞では第一構成素の名詞は動作主，材料，手段などを表す：
　　von dem Mond beglänzt → mondbeglänzt　［雅］月の光に輝いた
　　mit Pelz gefüttert → pelzgefüttert　　毛皮で裏打ちされた
　　mit Hand gearbeitet → handgearbeitet　　手製の

(2)　形容詞の系列造語
　-arm, -fest, -frei, -leer, -sicher, -voll などが名詞（あるいは動詞語幹；後述）に付いて，一連の語を作ることがある．この複合も本来ならば前置詞を必要とする形容詞句の一語化で限定複合の一種である：von Zoll frei → zollfrei　免税の；vor Feuer sicher → feuersicher　耐火性の．第二構成素が類語を増産する力が強いので，系列造語としてここにまとめておく：
　　-arm（〜に乏しい）：blutarm　貧血の　　wortarm　ことばの貧弱な
　　-fest（〜に強い）：feuerfest　耐火性の　　kältefest　耐寒性の
　　-frei（〜から免れている）：einwandfrei　非難の余地のない
　　-leer（〜の無い）：luftleer　空気のない　　menschenleer　人気のない
　　-sicher（〜に安全な，〜の確実な）：kugelsicher 防弾の siegessicher 必勝の
　　-voll（〜に満ちた）：kraftvoll　力強い　　eindrucksvoll　印象深い
　◇　これら以外に，-aktiv, -bereit, -dicht, -echt, -eigen, -fähig, -fertig, -fremd, -froh, -gleich, -intensiv, -müde, -nah, -reif, -schwach, -stark, -weit, -wert などが系列的に複合語を生み出す構成素になる．
　◇　系列造語はドイツ語形容詞の語彙において，同義関係 Synonymie（→ 7.1.4.4.），反意関係 Antonymie（→ 7.1.4.5.）を豊かにしている．
　①　同義関係：-frei, -leer, -arm（形容詞接尾辞では -los に対応）
　　　-frei が肯定的な意味をもつのに対して，-arm, -leer および接尾辞 -los

7.2. 造　　語

は否定的な意味をもつことが多い：
　　sorgenfrei　なんの心配もない ― sorglos　慎重さを欠く
　　arbeitsfrei　休みの ― arbeitslos　失業中の
　　vorurteilsfrei　偏見のない ― gedankenleer　思想の空疎な
②　反義関係：-arm⇔-reich（接尾辞では -ig, -haft など）
　　gedankenarm　思想の貧弱な⇔gedankenreich　思想の豊かな
　　反義関係：-freundlich（～に友好的な）⇔ -feindlich（～に敵対する）
　　umweltfreundlich　環境にやさしい⇔umweltfeindlich　環境に有害な
◇　系列造語の第二構成素のうち，-artig（～の性質の），-förmig（～の形状の），-haltig（～を含んだ）は，独立の形容詞ではなく，名詞に接尾辞のように付加して初めて複合形容詞のなかで存在する。これらは Art (f. 方法) や Form (f. 形) からの直接の形容詞ではなく eigenartig（独特の），kugelförmig（球形の）のような共成の過程を経て，次第に -artig, -förmig が半独立的に用いられるようになった。uranhaltig（放射性物質含有の）や goldhaltig（金を含有する）などの -haltig も動詞句 Uran/Gold enthalt(-en)＋-ig の共成より生じたものである。

(3)　程度形容複合語
　①　次のような名詞が第一構成素となって強めを表す（拡大造語）：
　　stock-　：stockkatholisch　コチコチのカトリックの
　　　　　　　stockdunkel　真っ暗な　　stockstill　[俗] 静まり返った
　　tod-　：todsicher　きわめて確実な　　todlangweilig　ひどく退屈な
　　grund-　：grundgescheit　きわめて利口な　grundhässlich　きわめて醜い
　②　ことに過激な意味の名詞や動物名が，インパクトの強い表現をねらうために形容詞と結びつく場合が多い：
　　bombenfest　[俗] 絶対確実な　　scheißegal　[俗] まったくどうでもよい
　　hundeelend　[俗] ひどくみじめな　　sauwohl　[俗] とても快適な
　③　-intensiv を第二構成素とする系列造語も，第一構成素の名詞の「割合が高い，～を強化した」という意味をもつ：
　　arbeitsintensiv　労働力を集中した　schaumintensiv　泡立ちをよくした
　④　系列造語で挙げた -arm はその程度が弱いことを表す（縮小造語）：
　　alkoholarm　アルコール分の少ない　　fettarm　脂肪分の少ない

（4）比喩複合語
　形容詞はその性質上「～のような～」という意味の複合語が作られやすい．
　①　第一構成素の物，材料，動物の名詞が比喩を提示する：
　　　pfeilgeschwind　矢のように速い　　glashell　ガラスのように透明な
　　　aalglatt　うなぎのようにぬるぬるした
　②　系列造語を生み出す構成素，-ähnlich, -artig, -förmig などとの複合：
　　　kugelähnlich　球(弾丸)のような形をした
　　　glasartig　ガラスのような　　kegelförmig　円錐形の
　③　色彩を表す複合形容詞も第一構成素に鉱石，金属，植物，動物，液体，時節，自然現象など様々な名詞を比喩にして形成される：
　　　lapisblau　瑠璃色の　　silbergrau　シルバーグレーの
　　　olivgrün　オリーヴ色の　　lachsrosa　サーモンピンクの
　　　weinrot　ワイン色の　　nachtblau　濃紺の　　schneeweiß　純白の
　◇　比喩造語 Vergleichsbildung は次のような接尾辞によっても行われる：
　　　名詞と接尾辞 -haft とで：
　　　heldenhaft　英雄的な　　schlangenhaft　蛇のように狡猾な
　　　märchenhaft　おとぎ話のような　　frühlingshaft　春めいた
　　　-ig, -isch は動物/人を表す名詞に付いて悪い意味の比喩形容詞を作る：
　　　affig　きどった，虚栄心の強い　　flegelig　無作法な
　　　säuisch　ひどく汚い　　kindisch　子供じみた
　　　その他, 接尾辞 -lich は人を表す名詞に付くと,「～のような，～らしい」という意味の比喩を表す形容詞を作る（→ 7.2.3.2.1. の (2)）：
　　　väterlich　慈父のような（所属の意味では：父の/父方の）
　　　bäuerlich　農民らしい（所属の意味：農民の）　　cf. bäurisch　野暮な

7.2.3.1.2. ［形容詞＋形容詞］の複合形容詞
（1）限定複合語
　第一構成素の形容詞が第二構成素の形容詞を規定する：
　　　様態を修飾：altklug　こまっしゃくれた
　　　時間的に規定：frühreif　早生の　　spätreif　晩生の
　　　程度を規定（→ 7.2.3.1.2. の (3)）：bitterkalt　極寒の
　　　形容詞＋分詞の複合形容詞内も，両者の意味関係は上記と同じである：

7.2. 造　　語

　　hartgekocht 固ゆでの　　neubearbeitet 改訂された
　◇　新正書法では，hart gekocht, neu bearbeitet と表記される．

（２）並列複合語
und でパラフレーズすることができることで判別できる．
　①　一人の人間/ひとつのものに両立してそなわる属性：
　　　taubstumm　聾唖の　　nasskalt　湿っぽく寒い　　süßsauer　甘酸っぱい
　②　色彩形容詞の並列複合
　　　schwarzweiß　白と黒の　　　rotgrün　赤と緑の
　◇　組合せにより限定複合の場合もある：
　　　graugrün　灰色がかった緑色の　　blauschwarz　濃紺の
　③　国名を表す形容詞を並列的にハイフンでつなぐ：
　　　japanisch-deutsche Beziehung　日独関係
　　　deutsch-japanisches Wörterbuch　独和辞典
　◇　この場合どちらの国を先に置くかは使う者の視点により異なる．日本の立場では japanisch が先，ドイツの立場では deutsch が先になる．また二ケ国辞書では説明される言語が先，記述のための言語の方が後に位置する．

（３）程度形容複合語
　①　次のような形容詞が強めのために用いられる（拡大造語）：
　　　hoch-　　：hochqualifiziert　きわめて適格(優秀)な
　　　höchst-　：höchstzuständig　最も信頼度の高い
　　　tief-　　：tiefbewegt　ひどく感銘をうけた
　　　　　　　　tiefbetrübt　悲嘆にくれた
　　　voll-　　：vollautomatisch　完全自動の
　　　　　　　　vollentwickelt　完全に発達した
　②　程度の副詞も分詞形容詞や形容詞と結びついて複合形容詞を作る：
　　　viel-　　：vielerörtert　多く論議された　　vielbesucht　訪れる人の多い
　　　wohl-　　：wohlbekannt　よく知られた　　wohlbedacht　熟慮された
　　　allzu-　：allzufrüh　早すぎる　　allzuviel　過大な
　◇　拡大造語には，さらに接頭辞 erz-,ur-, über-および外来の接頭辞 extra-,

super- などがよく使われる：
e̱rzfaul　怠惰きわまる　　　urplötzlich　全く突然の
übergroß　大きすぎる　　　überempfindlich　過敏な
e̱xtrafein　極上の　　　　　su̱perklug　とても利口な
su̱permodern　超近代的な　hyperkritisch　酷評の，超辛口の
③　次の形容詞は，第二構成素の方の形容詞の意味を減じる（縮小造語）：
schwach-　：schwa̱chbegabt　素質の乏しい
　　　　　　　schwa̱chbevölkert　低人口密度の
dünn-　　：dü̱nngesät　まばらにまかれた
halb-　　：ha̱lberwachsen　なかば大人になりかけの

◇ 接尾辞 -lich にも形容詞の意味を弱める働きがある．-lich は形容詞に付加し［〜に近い，〜がちの］という意味を表す（→ 7.2.3.2.1.(2)）：
rötlich　赤みがかった　　kränklich　病気がちの

④　dunkel-, hell-, tief- などの形容詞が色彩の明暗・濃淡の程度を表す：
du̱nkelbraun　暗褐色の　　he̱llbraun　淡褐色の
tiefblau　濃い青色の　　　ho̱chrot　真っ赤な

7.2.3.1.3.　［動詞＋形容詞］の複合形容詞

動詞語幹＋形容詞，不定詞＋形容詞という二つの場合がある：
①　動詞語幹と，系列造語の構成素；-fähig（〜の能力のある），-fest（〜に対して強い），-lustig（〜好きの），-sicher（〜に対して安全な，〜の確実な），-tüchtig（〜ができる）などの組み合わせ：
sti̱mmfähig　投票権のある　　schre̱iblustig　筆まめな
tri̱nkfest　酒に強い　　　ko̱chfest　（布地などが）煮沸可の
gle̱itsicher　すべる恐れのない　tre̱ffsicher　命中確実の
fa̱hrtüchtig　運転できる状態にある

②　不定詞＋ -s- ＋ -wert　〜（の価値のある），-müde（〜に疲れた）
empfe̱hlenswert　推薦に値する　　bene̱idenswert　うらやむべき
lebe̱nsmüde　生活に疲れた

7.2.3.2. 派生形容詞

7.2.3.2.1. 接尾辞による派生形容詞

(1) -bar

-bar は古高ドイツ語 beran „tragen" の形容詞化に由来するもので，原義は „fähig zu tragen"（担いうる）である．-bar は名詞やその他の品詞に付加するが，今日，動詞から形容詞を作るのにもっとも頻繁に使われ，その際およそ「～が可能」という意味の語を作る．

a. 動詞を基礎とする派生形容詞

① 他動詞からは「受動の可能あるいは必然」の意味をもつ語が作られる：
　trinkbar　飲用に適した　　brauchbar　使える
　essbar　食べられる　　tragbar　携帯可能な
　zahlbar　支払うべき　　haftbar　責任を負うべき

② 自動詞からの造語は「能動＋可能」の意味を表す：
　brennbar　可燃性の　　gehbar　通行可能な

◇ 同じ他動詞語幹を基礎として -bar と -sam（後述）の両形がある場合，後者は能動的な意味をもち，受動的な意味の前者と対をなすことがある：
　heilbar　（傷や病気が）治療されうる ── heilsam　治癒力のある，救済的な
　achtbar　尊敬されている ── achtsam　注意を怠らない

b. 名詞を基礎とする派生形容詞

「～に満ちた，～の状態にある」の意味の形容詞を作る：
　fruchtbar　実りの多い　　fürchtbar　怖い，ぞっとするような
　mannbar　（少女が）結婚適齢期の，（少年が）性的に成熟した

◇ ただし dankbar（感謝している）および wunderbar（素晴らしい）の dank-, wunder- は名詞形か動詞語幹か特定できない．

c. 形容詞を基礎とする派生形容詞

次の語において，-bar に原意「～できる」を窺うことは難しい：
　offenbar　明らかな　　sonderbar　奇妙な，風変わりな

(2) -lich

-lich は中高ドイツ語では lîch „Körper, Leib"（体）にみられるように，もとは名詞であるが，限定複合語の第二構成素として多用され，次第に接尾辞

化したものである。(名詞としては現代ドイツ語の Leiche f. 「死体」の形で残っている)。-lich は動詞，名詞，形容詞から各種の性質を表す形容詞を作る。

a．動詞を基礎とする -lich 派生形容詞

① 動詞語幹に付加し，-bar と競合していたが，今日では -bar ほどの生産力をもたない。他動詞語幹からの派生において，意味は -bar のような可能の意味以外に，「〜の性質の，きっと〜する，〜すべき」などの意味を表す：

　　erklärlich　説明のつく　beweglich　動かせる　bestechlich　買収できる
　　vergesslich　忘れっぽい　zerbrechlich　こわれやすい
　　maßgeblich　指針的な　beachtlich(＝beachtenswert)　注目すべき

② -lich にはさらに -er-lich という拡張形があり，基礎となる動詞の意味の傾向のあることを表す：

　　lächerlich(← lachen)　笑うべき，滑稽な
　　weinerlich(← weinen)　今にも泣きそうな

③ 不定詞に -t- を添える形もあるが，今日では生産的ではない：

　　hoffentlich　望むらくは　wissentlich　それと知りながらの，故意の

④ 過去語幹と結びついた派生語もある：

　　verständlich　聞き取れる，理解できる　tätlich　力ずくの，暴力の

◇ これらは verstehen 理解する → verstand → Verstand m. 理解力＋-lich, tun 行う → tat → Tat f. 行い＋-lich の過程を経ていると考えられる。

b．名詞を基礎とする -lich 派生形容詞

① 「〜に関する，〜の性質の，〜による」などを意味する：

　　strafrechtlich　刑法の　morgentlich(-t-挿入)　朝の，清々しい
　　buchstäblich　文字通りの　wissenschaftlich　科学的な
　　brieflich　手紙による　schriftlich　文書による

② ことに階層，職業，機関を表す名詞に付いて，「〜の」という所属を表す関係形容詞 Relativadjektiv を作る：

　　bürgerlich　市民の　ärztlich　医師の
　　amtlich　公の，官の　staatlich　国家の

③ 人を表す名詞と結びついて「〜のような」という比喩の意味を表す：

　　menschlich　人間的な　kindlich　こどもらしい

väterlich　父親らしい（「父の」という②の意味の場合にも使われる）
　④　抽象名詞と結びつき，「〜のある」という装備的な意味をもつ：
　　　glücklich　幸福な　　widersprüchlich　矛盾をはらんだ
ｃ．形容詞を基礎とする -lich 派生形容詞
　　「〜に近い，〜の傾向のある」という，元の形容詞の意味の近似値を表す．
　　色彩の形容詞では「〜がかった」という意味になる：
　　　rundlich　丸みをおびた　　kränklich　病気がちの
　　　rötlich　赤みがかった　　schwärzlich　黒っぽい
　◇　-lich の派生語が副詞として使われている場合がある：
　　　neulich　最近　　sicherlich　確かに　　reichlich　豊富に

(3)　-sam

　英語の same（同じ）に対応する語であるが，ドイツ語では動詞，名詞または形容詞に付加する接尾辞として発達した．しかし，-bar, -lich に比べて，現在は生産力の劣る接尾辞の部類に属する．
ａ．動詞を基礎とする -sam 派生形容詞
　　動詞語幹に付いて，「〜する，〜される性質の」という意味を表す：
　　　achtsam　注意を怠らない　　bedeutsam　意義深い　　biegsam　たわめやすい　　erholsam　休養に役立つ　　sparsam　倹約な，つつましい
ｂ．名詞を基礎とする -sam 派生形容詞
　　名詞に付いて，「〜の性質のある」という意味を表す：
　　　betriebsam　活発な　　mühsam　難儀な
ｃ．形容詞を基礎とする -sam 派生形容詞
　　　langsam　のろのろした　　seltsam　奇妙な　　gemeinsam　共通の

(4)　-ig

　-ig は共成語（acht Jahre＋-ig のタイプ）を作るのにいちばんよく用いられる接尾辞で，新語を形成する生産的な接尾辞である．また，副詞に付加し，それを形容詞化する機能ももっている．
ａ．名詞を基礎とする -ig 派生形容詞
　①　名詞句に付加し，共成による語を派生させる：
　　　acht Jahre →achtjährig　八年の

lange Frist → langfristig　長期間の
schmale Lippe → schmallippig　唇の薄い
② 名詞に付いて，「～の付着/付帯した」という意味を表す：
blutig　血まみれの　　bucklig(← Buckel)　こぶのある，隆起した
抽象名詞にも付いて，「～の性質を備えている」という意味を表す：
fleißig　勤勉な　　geizig　吝嗇な　　artig　行儀のよい
③ 「～のような」という比喩的意味を表す（比喩造語）：
eisig　氷のような　　feurig(← Feuer)　火のような
動物を表す名詞とでは否定的なイメージが伴う：
fischig　魚のように冷たい　　affig　気取った
fuchsig　気性の激しい　　schafig　とんまな
b．動詞を基礎とする -ig 派生形容詞
「よく～する」，「～する傾向の」という意味を表す：
findig　創意豊かな　　gläubig　信心深い　　schläfrig(← schläfern) 眠い
過去語幹と結びついた語もある：
verständig　理解力のある　　tätig　従事している　　gängig　現行の
c．副詞を基礎とする -ig 派生形容詞
-ig はまた副詞から付加語形容詞を作るために用いられる：
dortig　あそこの　　sofortig　即座の
heutig　今日の　　einmalig　一回きりの
-s で終わる副詞は -s を脱落させて，-ig をつける：
auswärts → auswärtig　よその　　damals → damalig　当時の
◇ 時を表す名詞からの -ig と -lich の両形には，次の意味的相違がある：
-ig　：zweistündig　二時間の　zweitägig　二日間の　zweijährig　二年間の
-lich：zweistündlich　～毎の　zweitäglich　～毎の　zweijährlich　～毎の

（5） -isch

-ig についでよく名詞に付加され，由来，所属，類似，関係などを意味する形容詞を作る．
a．名詞を基礎とする -isch 派生形容詞
由来と性質を表す形容詞を作る：

7.2. 造　　語

　　　　himmlisch(← Himmel)　天の，天国の/この世のものと思えぬ
　　　　städtisch(← Stadt)　市の/都会風の
　　　　abergläubisch(← Aberglaube)　迷信的な（＝abergläubig）
　　　国名/地名に付加：
　　　　amerikanisch　アメリカの　　europäisch　ヨーロッパの
　　　人や動物を意味する名詞に付くと，よくない性質を意味することが多い：
　　　　hundisch　こびへつらう　　tierisch　動物の，野獣のような
　　◇　従って，人を表す名詞を元に -isch と -lich の両形がある場合，前者は
　　　非難や蔑視のニュアンスをもつ：
　　　　bäurisch　泥臭い ── bäuerlich　農民の
　　　　kindisch　幼稚な ── kindlich　子供らしい
　　　　weibisch　めめしい ── weiblich　女性の，女性的な
　b．動詞を基礎とする -isch 派生形容詞
　　　　mürrisch(← murren　不平をいう)　不機嫌な
　　　　neckisch(← necken　からかう)　おどけた，ひょうきんな
　c．外来語形容詞を基礎とする -isch 派生形容詞
　　　　antik　（古代の）→ antikisch　擬古的な
　　　　hybrid　（雑種の）→ hybridisch＝hybrid
　　　　fatal　（宿命的な）→ Fatalist m. 宿命論者 → fatalistisch　宿命論的な

(6)　-haft

　古高ドイツ語では haft は „behaftet, gefangen"（〜にとりつかれた）とい
う形容詞であったが，限定複合語の第二構成素から次第に接尾辞となった．
おもに名詞，または形容詞や動詞から，性質・様態を表す形容詞を作る．
　a．名詞を基礎とする -haft 派生形容詞
　　①　人や動物を表す名詞に付いて，「〜のような〜」という意味を表す：
　　　　laienhaft　素人っぽい　　meisterhaft　名人芸の
　　　　bärenhaft　（熊のように）不器用な
　　②　人を表す名詞以外の名詞に付いて，「〜を備えた，〜のような」の意味
　　　を表す：
　　　　tugendhaft　徳をそなえた　　fieberhaft　熱のある/熱狂的な
　　　　bildhaft　絵のような/具象的な　　märchenhaft　おとぎ話のような

b．動詞を基礎とする -haft 派生形容詞
　　　lebhaft　生き生きした　　zaghaft　臆病な
 c．形容詞を基礎とする -haft 派生形容詞
　　　krankhaft　病気(が原因)の　　wahrhaft　［雅］まことの
　◇ -haft のあと，さらに接尾辞 -ig をとって，-haftig となる場合もある：
　　　wahrhaftig　［雅］誠実な　　leibhaftig　人間の形をした
　　　　これは抽象名詞を作る -keit が付きうるための過程と考えられる：
　　　Wahrhaftigkeit　誠実さ，真実味　　Frauenhaftigkeit　女らしさ

（7）　-en, -n, -ern
　物質名詞から，それを材料とする「〜製の」という形容詞を作る：
　　　golden　黄金の　　wollen　羊毛の　　papieren　紙の　　seiden　絹の
　語末が -er に終わる名詞には -n だけが付けられる：
　　　kupfern　銅の　　ledern　皮の　　silbern　銀の
　そこから，-ern の接尾辞が成立し，語末が -er でない語にも -ern がつけられるようになった：
　　　blechern　ブリキ製の　　steinern　石の　　hölzern　木材の
　◇ -en/ern と -ig の両形がある場合，次のような意味の差異がある：
　　　seiden　絹製の ― seidig　絹のように艶やかで柔らかい
　　　steinern　石製の ― steinig　石だらけの，ごつごつの
　　　gläsern　ガラス製の ― glasig　ガラスのような

（8）　外来の接尾辞
　次のような外来の接尾辞はおおむね外来語に付加し派生形容詞を作る．
　① -abel/-ibel (-ieren で終わる動詞に付くときは -ier- を脱落させる)：
　　　akzeptieren → akzeptabel　許容できる（＝ akzeptierbar）
　　　explodieren → explosibel　爆発性の
　② -ant/-ent (ここでも -ieren で終わる動詞に付くとき -ier- を省く)：
　　　dominieren → dominant　支配的な
　　　kongruieren → kongruent　一致する
　③ -al/-ial (名詞に付いて「〜のような，〜に関する」の意味を表す)：
　　　national　国民(国家)の　　genial　天才的な

④ -ar/-är（名詞に付加）：
　　liniar/linear（← Linie）　線状の　　　revolutionär　革命的な
⑤ -ell（名詞に付加．-ie で終わる名詞の場合，-e を削除する）：
　　industriell　工業（産業）の　　　zeremoniell　儀式の
⑥ -esk：balladesk　バラード風の　　　clownesk　道化じみた
⑦ -iv（おもに -ion に終わる名詞に付く）：
　　Attraktion → attraktiv　人目を引き付ける
　　Information → informativ　情報を与える，啓蒙的な
⑧ -os/-ös：religiös　宗教的な　　　tuberkulös　結核性の
⑨ -oid：paranoid　妄想性の　　　faschistoid　ファッショ的な

7.2.3.2.2.　接頭辞による派生形容詞

　派生形容詞を作る接頭辞の erz-/un-/ur- は名詞派生の場合と共通であり，ge- と miss- は名詞および動詞の場合と共通である．元の語を否定するためには，un- の他に，外来系の否定の接頭辞が使われる．
（1）　erz-
　erz- はもっぱら否定的な意味をもつ形容詞に付加し，その意味を強める：
　　erzböse　極悪の　　　erzdumm　大ばかの　　　erzfaul　ひどく怠惰な

（2）　ge-
　動詞において完了を表す ge- が形容詞を派生させるのに使用された．ge- の付いた形容詞は古い造語であって，今日 ge- に生産力はない．
名詞や形容詞と結びついて：
　　名詞：geheim　秘密の　　　geraum　長い時間の
　　形容詞：gerecht　公正な　　　gestreng　厳しい　　　getreu　忠実な
動詞と結びついて：
　　gewiss（← wissen）　確かな　　　gemäß（← messen）　～にふさわしい
　◇ -gemäß は「～に応じた」という意味の系列造語要素でもある：
　　wunschgemäß　希望にかなう　　　zeitgemäß　時宜を得た
　　その他，元の語との有契性を認めるのが難しい語がある：
　　gesund　健康な　　　geschwind　素早い　　　gemein　卑劣な
　　genehm　好都合の

語彙・造語

(3) miss-
① 分詞の形をとって，元の語と相対的反対関係（→7.1.4.5.反義語）にある語を作る：
misstönend 不快に響く，耳障りな　　missvergnügt 不快な，不機嫌な
missgestaltet 醜い，不格好な　　missgelaunt 不機嫌な
② 接尾辞 -ig,-lich,-isch とともに：
missmutig/missmütig（→ Missmut f.：逆成語）　不機嫌な
missbräulich（← missbrauchen）　悪用する，濫用する
misstrauisch（← misstrauen）　信用しない，疑っている
◇ 従来の正書法では miß- と表記．

(4) un-
形容詞あるいは分詞形容詞に付いて元の語の意味の否定・反義を表す：
unaufmerksam 不注意の　　unbekannt 知られていない，未知の
unbequem 不愉快な　　unsicher 確かでない，不安な
unvermögend 無能な　　ungebildet 無教育な

(5) ur-
① 「始まり/源（みなもと）」を意味する：
urgermanisch 原始ゲルマンの　　urchristlich 原始キリスト教の
② 元の語の意味を強める（拡大造語）：
uralt 非常に古い　　ureigen 全く独自な　　urplötzlich 全く突然の

(6) 外来の否定接頭辞
次のような外来の否定接頭辞は外来の形容詞の否定に用いられる：
a-/an-（母音の前）/ar-（rh の前）：
amoralisch 道徳に無関係な　　anorganisch 無機の
arrhythmisch リズムの不規則な
in-/il-（l で始まる語の前）/im-（m,b,p で始まる語の前/ir-（r の前）：
inadäquat 不適切な　　illegal 非合法な
impossible 不可能な　　irrational 不合理な
non-：nonverbal 言語手段を用いない　　nonfigurativ 非具象的な

7.2. 造　　語

　　dis-/di-/dif- （f の前）：disharmonisch　不調和な
　　divergent　方向の異なる　　different　違った

（7）　その他の外来の接頭辞
　①　形容詞に付加する外来の接頭辞：
　　anti-（反～）：antidemokratisch　反民主主義的な
　　kon-/ko-（共の）：kooperativ　協力する
　　prä-（前の）：präoperativ　［医］術前の
　　pro-（先/～の為の）：progressiv　進歩的　prodeutsch　ドイツびいきの
　②　名詞に付加する外来の接頭辞（→ 7.2.2.2.2.（6））は形容詞にも付加する．
　　mikro-：mikrokosmisch　小宇宙の；makro-：makroskopisch　巨視的な
　　mono-：monochrom　単色の；poly-：polyglott　数か国語が話せる
　　multi-：multikausal　多原因性の；pseud(o)-：pseudonym　仮（偽）名の
　　proto-：prototypisch（＜Prototyp）原型の；auto-：autodidaktisch　独学の
　　neo-：neotropisch　新熱帯の；post-：postmodern　ポストモダンの
　　semi-：semilunar　半月形の；top-：topfit　絶好調の

7.2.3.3.　共成による形容詞の造語

　形容詞の系列造語（→ 7.2.3.1.1.（2））や接尾辞による派生形容詞（→ 7.2.3.2.1.（4）など）で示したように，接尾辞 -ig, -lich, -isch を伴って作られる共成形容詞がある．

（1）　名詞句を基にした共成
　　N^1+N^2+-ig　：brandfleckig　焼け焦げの　　glatzköpfig　頭のはげた
　　Adj＋N＋-ig　：langweilig　たいくつな　　barfüßig　はだしの
　　副詞＋N＋-ig　：rechtsseitig　右側（右方）の
　　前置詞＋N＋-ig：überjährig　一歳を越えた，永年にわたる
　　前置詞＋N＋-lich：vorgeburtlich　［医］産前の，出生前の
　　数詞＋N＋-ig　：dreifarbig/-färbig　三色の　　dreijährig　三年を経た

（2）　動詞句を基にした共成
　　N＋V＋-ig　　：zielstrebig　（ある目標にむかって）努力する

N＋V＋-lich　　：handgreiflich　手荒な，手でつかめる，すぐわかる
N＋V＋-isch　　：halsbrecherisch　命がけの，危険な
副詞＋V＋-ig　 ：rechtsläufig/-gängig　右巻の，右回りの
　　　　　　　　schwerhörig　難聴の
前置詞＋V＋-ig ：vorläufig　さしあたりの，暫定的な
数詞＋V＋-ig　 ：eindeutig　一義的な，明白な
　　　　　　　　zweideutig　二義的な，曖昧な

7.2.3.4．品詞転換および統語的転換による形容詞の造語

（1）品詞転換による形容詞の造語

①　本来名詞であった語が動詞 sein, bleiben, werden と共に形容詞として使われることがある．そのような転換語は通常付加語的用法はない：
Bange（不安）→ bange：Uns ist bange.　私たちは心配だ．
Gram（憤慨）→ gram：Man kann ihm nicht gram sein.
　　　　　　　　　　　　　　　　　　　　彼は憎めない男だ．
Leid（苦悩）→ leid：Mir ist das Versprechen leid.
　　　　　　　　　　　　　　　　　　　　約束が悔やまれる．
Pleite（破産）→ pleite：Die Firma ist pleite.　会社が破産した．
Schuld（責任）→ schuld：Ich bin schuld daran.　私にその責任がある．

◇　同じ語でも，新正書法では，他動詞の目的語として使用される場合は語頭を大文字で書く：
angst：Angst machen　〜を怖がらせる（従来は angst machen）
schuld：Schuld haben　責任がある（従来は schuld haben）
not：Not tun　必要である（従来は not tun）

②　動詞語幹が形容詞になる場合がある．述語としても，付加語としても使われる：
lieben → lieb　愛する　　　regen → rege　活発な
starren → starr　硬直した　　wachen → wach　目がさめている
wirren → wirr　混乱した

（2）統語的転換による形容詞の造語
　現在分詞及び過去分詞が形容詞として使用される．語彙化している語例：

現在分詞：reizend　魅力的な　　bedeutend　重要な
　　　　　　treffend　適切な　　auffallend　人目を引く
過去分詞：anerkannt　公認された　　beschäftigt　従事している,忙しい
　　　　　　verlegen 当惑した　eingebildet 思い上がった

（3）　擬似過去分詞形の形容詞の造語
　過去分詞を作る枠組み ge-＋動詞の語幹＋-t の形を利用して，実際には動詞でない語から見かけは過去分詞形の形容詞が作られることがある：
　　　gestiefelt（← Stiefel m. 長靴）　長靴をはいた
　　　eingefleischt（← Fleisch n. 肉体）　肉と化した，しんからの，習性の
be-〜-t の形も使われる：
　　　beleibt（← Leib）　肥満した　　bemittelt（← Mittel）　資産のある
　　　beherzt（← Herz）　勇敢な　　benachbart（← Nachbar　隣人）　隣の

7.2.4.　動詞の造語

7.2.4.1.　複合動詞

　動詞が他の独立して用いられる語，つまり名詞，動詞，形容詞，不変化詞（副詞，前置詞）などと結びつき，新たな意味をもつに至った場合，その新しい動詞を複合動詞という．複合動詞のほとんどは限定複合語で，名詞や形容詞の限定複合語と同様，第一構成素にアクセントがある．いったん動詞と結びついたこれらの構成素は動詞の前綴 Vorsilbe と呼ばれる．複合動詞は，定動詞として用いられる際，auf|stehen が，ich stehe früh auf（私は早く起きる）というように，主文で第一構成素が第二構成素の動詞から分離する．そのことから複合動詞は一般に分離動詞とも呼ばれる．なお，従来の複合動詞の一部が，新正書法では動詞句と見なされて分かち書きされる場合があり(eis|laufen → Eis laufen アイススケートする)，そのような動詞句もここに含める．

7.2.4.1.1.　［動詞＋動詞］の複合動詞

　　　spazieren gehen　散歩にいく　　kennen lernen　知り合いになる
　　　sitzen bleiben　落第する　　liegen lassen　置き忘れる
　◇　従来はこれらは不定詞の場合一語に書かれたが，新正書法では分かち

書きされる．

7.2.4.1.2. ［名詞＋動詞］の複合動詞
この複合において，第一構成素の名詞は本来の自立的意味が希薄になっており，形の上でも小文字書きで，脱名詞化している：

 heim-：heim|bringen　家まで送る　　heim|fahren　（乗り物で）帰宅する
 haus-：haus|halten　家政をとる
 preis-：preis|geben　ゆだねる，まかせる
 stand-：stand|halten　屈しない，耐える
 statt-：statt|finden　開催される　　statt|geben　許可する，聞き届ける
 teil-：teil|haben　参与している　　teil|nehmen　参加する
 wett-：wett|machen　埋め合わせる
 wunder-：wunder|nehmen　いぶかしがらせる

 ◇　名詞と動詞からなる動詞句
  動詞句において自立的意味を保持している名詞は，新正書法では大文字書きされる：

Angst machen	不安にさせる	（従来は jm. angst machen）
Eis laufen	アイススケートする	（従来は eis|laufen）
Kopf stehen	逆立ちする	（従来は kopf|stehen）
Leid tun	残念がらせる	（従来は jm. leid tun）
Maß halten	節度を守る	（従来は maß|halten）
Not leiden	困窮する	（従来は not|leiden）
Pleite gehen	破産する	（従来は pleite gehen）
Rad fahren	自転車を運転する	（従来は rad|fahren）

 その他
  Feuer fangen　火がつく　　Fuß fassen　足場を固める
  Ski laufen　スキーをする　　Schlange stehen　行列をなして待つ

 ◇　前置詞＋名詞の合接を伴う動詞は，合接句と離して書かれる：

anheim fallen	～のものとなる	（従来は anheim|fallen）
fürlieb nehmen	～に甘んじる	（従来は fürlieb|nehmen）
überhand nehmen	はびこる	（従来は überhand|nehmen）

 ◇　上述と同じような構造をもつ次の動詞句は新正書法において，元の名

詞の大文字名詞書きも許される：
zugrunde/zu Grunde gehen　沈没する，破滅する
zuschanden/zu Schanden machen　（計画などを）だめにする
zutage/zu Tage bringen　明るみに出す

7.2.4.1.3.　［形容詞＋動詞］の複合動詞
第一構成素の形容詞には次の二通りのタイプがある：
①　ほとんど分離の前綴としてしか存在しない形容詞：
　　fehl|gehen　道に迷う　　fehl|schlagen　失敗する
　　feil|bieten　売りにだす　　weis|machen　信じこませる
　　kund|geben/-tun　知らせる，表明する
②　動詞と密接に結びつき，動詞と共に新たな意味を形成している形容詞：
　　fern|sehen　テレビをみる　　fest|setzen　規定する
　　frei|sprechen　無罪の判決を下す（frei sprechen は「原稿無しで話す」）
　　gut|schreiben　貸方に記入する（gut schreiben は「上手に書く」）．
　　schwarz|arbeiten　不法労働する　　tot|schlagen 殴り殺す
　　wahr|sagen（＝prophezeien）　予言する
◇　形容詞と動詞からなる動詞句
複合動詞 fest|setzen（規定する）と動詞句 fest setzen（しっかり据える）の違いは，前者の fest- は動詞と一体で語彙化していわば形容詞の資格を失っているが，後者の fest は比較級にもなり（fester setzen），また ganz や sehr による副詞規定も可能である．新正書法でこのような動詞句とみなされているものは次の通りである：

　　übrig bleiben　　　残って(余って)いる　　（従来は übrig|bleiben）
　　voll essen　　　　腹一杯に食べる　　　（従来は voll|essen）
　　voll tanken　　　　満タンに給油する　　（従来は voll|tanken）
　　sich wund liegen　床ずれができる　　　（従来は wund|liegen）
　　bekannt machen　　一般に知らせる　　　（従来は bekannt|machen）

◇　従って，従来分離非分離の前綴とされた voll- は，新正書法ではアクセントを持たない非分離の構成素としてのみ，vollbringen, vollenden, vollführen, vollziehen（四語とも事を成し遂げるの意味），vollstrecken（判決を執行する）の五語にみられる（→ 7.2.4.4.の(2)）．

7.2.4.1.4. ［不変化詞＋動詞］の複合動詞

7.2.4.1.4.1. ［前置詞/副詞＋動詞］の複合動詞

前置詞および副詞の ab, an, auf, aus, zu, および in（前綴としては ein- の形で）などが動詞と結びつき複合動詞を作る．

◇ durch, um, über, unter, wider, wieder の前置詞および副詞も動詞と結びつく．これらの前綴は，あるときは複合動詞あるときは派生動詞を作るので，分離非分離の前綴として別記する（→ 7.2.4.2.3.4.）．

ab-, an-, auf- などの前綴は元の動詞に対して以下のような働きをする．
① 自動詞を他動詞にする：
　　blicken → an|blicken　（ある人を，ある物を）見る
　　arbeiten → aus|arbeiten　（あるものを）仕上げる
② 動作相を変える：
ⅰ）動作の開始 (ingressiv) an|fahren　動き出す（← fahren　運行する）
　　an-, ein-, auf- など　　ein|schlafen　寝入る（← schlafen　眠っている）
　　　　　　　　　　　　　　auf|blühen　咲き出す（← blühen　咲いている）
ⅱ）完遂（perfektiv）ab|nutzen　使い古す（← nutzen）
　　ab-, auf-, aus- など　　auf|brauchen　使い果たす（← brauchen）
　　　　　　　　　　　　　　aus|brennen　燃え尽くす（← brennen）
ⅲ）作為的 (kausativ) ab|dunkeln　暗くする　　aus|bleichen　漂白する
　　ab-, aus-, auf-, ein-　　auf|forsten　（〜に）新たに植林する
　　＋A/N＋-en　　　　　　　ein|äschern　焼いて灰にする
③ 動作の起こる方向を表す：
ⅰ）上向き　　　auf-　　auf|steigen　乗る　　auf|gehen　上がる
ⅱ）下向き　　　ab-　　　ab|steigen　降りる　　ab|stürzen　墜落する
ⅲ）中へ　　　　ein-　　ein|schlucken　飲み込む
　　　　　　　　　　　　ein|schließen　閉じ込める
　　比喩的に（心の）中へ　ein|nehmen　（〜の）心を捉える
　　　　　　　　　　　　ein|sehen　悟る
ⅳ）外へ　　　　aus-　　aus|gehen　外出する
　　　　　　　　　　　　aus|wandern　移住する

7.2. 造　　語

- ⅴ）前に　　　vor-　　vor|stellen　前におく
 　　　　　　　　　　　vor|springen　突出している
- ⅵ）後ろに　　nach-　　nach|folgen　後に続く
 　　　　　　　　　　　nach|tragen　あとから加える
- ⅶ）到着・接近　an-　　an|kommen　到着する
 　　　　　　　　　　　an|nähren　近づく
- ⅷ）退去・離去　ab-　　ab|reisen　旅立つ
- ⅸ）除去　　　ab-　　ab|fegen　ちりを払う
 　　　　　　　　　　　ab|ernten　収穫する
- ⅹ）付加　　　zu-　　zu|schreiben　書き加える
 　　　　　　　　　　　zu|setzen　添加する

④　動作の起こる時間を表す：
- ⅰ）前に　　　vor-　　vor|kauen　前もって嚙み砕く
 　　　　　　　　　　　vor|entlasten　前もって負担を軽くする
- ⅱ）あとから再び　nach-　nach|bohren　あらためて穴をあける
 　　　　　　　　　　　nach|klingen　（音がやんだあと耳に）残る
 　　　　　　　　　　　nach|vollziehen　追体験する

◇　上述の ab-, an-, auf- などは，動詞と結びつくだけでなく，名詞及び形容詞から動詞を派生させる働きもある：
　　Beere f.　ぶどうの房　→　ab|beeren　ぶどうを摘み取る
　　Leine f.　ひも，綱　→　an|leinen　（犬などを）綱でつなぐ
　　Keller m.　地下室　→　ein|kellern　地下室に貯える
　　heiter　明るい　→　auf|heitern　元気づける
　　rauh　ざらざらした　→　auf|rauhen　（こすって）ざらざらにする

7.2.4.1.4.2. ［副詞＋動詞］の複合動詞

　場所を示す副詞 da（そこに），方向の副詞 hin（あちらへ）および her（こちらへ），empor（上へ，高く），entgegen（～の方へ向かって），entlang（～に沿って），nieder（下へ），様態の副詞 fort（去って/引き続き），weg（いなくなって），zurück（戻って），los（解き放たれて），mit（共に），zusammen（一緒に）などが動詞と結びついて複合動詞を作る：

語彙・造語

（1） da-：存在/現存
　　　da｜bleiben　立ち去らないでいる，（罰として）居残りさせられる
　　　（ただし，da sein ある/いる，出席している）
　　　◇　新正書法では sein と副詞の結合は複合ではなく動詞句である：
　　　zurück sein　　　戻ってきている　　　（従来は zurück｜sein）
　　　zusammen sein　　席を同じくする　　　（従来は zusammen｜sein）
（2） hin-：話者から遠ざかる方向；　her-：話者に近づく方向
　　　両者は比喩的意味（「そっちへ姿を消して → 消滅」，「こちらへ接近 → 円滑進行，仕上げ」）においても対称的である：
　　　hin｜kommen　（ある場所に）着く ― her｜kommen　こちらへやってくる
　　　hin｜geben　引き渡す ― her｜geben　こちらへ手渡す
　　　hin｜richten　処刑する ― her｜richten　整える
（3） empor-：上への方向
　　　empor｜fahren　上昇する，驚いて急に立ち上がる
　　　empor｜bringen　栄えさせる　　empor｜arbeiten　（努力して）出世する
（4） entgegen-：相対する方向，対立的あるいは好意的な対応
　　　entgegen｜kommen　出迎える，～の希望に応じる
（5） entlang-：沿う方向　　entlang｜gehen　（～に）沿ってゆく
（6） nieder-：下への方向
　　　nieder｜lassen　降ろす　　sich nieder｜lassen　定住する
（7） fort-：退去，除去，空間的および時間的継続
　　　fort｜gehen　立ち去る，歩き続ける　　fort｜blasen　吹き払う
　　　fort｜dauern　持続する　　fort｜schreiten　前進する
（8） weg-：離脱，除去　　weg｜werfen　投げ捨てる
（9） zurück-：元への方向　　zurück｜geben　返却する
（10） los-：開始，解放
　　　los｜fahren　出発する　　los｜binden　解き放す
（11） mit-：提携
　　　mit｜bringen　持ってくる
　　　mit｜arbeiten　共同研究する（ただし mit arbeiten　共に働く）
（12） zusammen-：合一，収集
　　　zusammen｜fahren　衝突する　　zusammen｜tragen　（資料などを）集

め揃える（ただし，zusammen spielen 一緒に遊ぶ）

7.2.4.1.4.3. ［合接副詞/複合副詞＋動詞］の複合動詞
（1） 副詞 da（そこに）＋前置詞との融合形＝合接副詞（→ 7.2.5.1.の(3)）や，her（こちらへ）および hin（あちらへ）＋前置詞との複合副詞（→ 7.2.5.2.）は，動作/運動の動詞と結びついて，次のような動作の起こる方向を表す複合動詞を作る：

① 上向き　　　　　　　　hinauf｜ziehen　ひっぱり上げる
　　　　　　　　　　　　　herauf｜ziehen　（こちらへ）ひっぱりあげる
　　　　　　　　　　　　　herauf｜führen　（〜の）幕開けになる
② 下向き　　　　　　　　hinunter｜bringen　下へ連れて行く
　　　　　　　　　　　　　herunter｜reißen　ひき下ろす
　比喩的に「おとしめて」　herab｜sehen　見下す
③ （中からみて）外へ　　hinaus｜blicken　外をみやる
④ （外からみて）中へ　　hinein｜blicken　のぞき込む
⑤ 中を通りぬけて　　　　hindurch｜gehen　通りぬける
⑥ （外からみて）こちらの外へ　hervor｜treten　歩み出てくる
　　　　　　　　　　　　　heraus｜fallen　転がり出る
　比喩的に「はっきり表に」　hervor｜zaubern　魔法でよびだす
　　　　　　　　　　　　　heraus｜arbeiten　作り出す
⑦ まわりを回って　　　　herum｜reichen　次々と手渡す
　比喩的に「うろうろと」　herum｜laufen　うろつく
　比喩的に「あれこれと」　herum｜doktern　あれこれと素人療法する
⑧ 接近　　　　　　　　　heran｜kommen　近寄る
　比喩的に「次第に」　　　heran｜wachsen　だんだん成長する

　◇ d(a)- の合接副詞を前綴とする複合動詞には口語的な表現が多い：
　　dran｜kommen　（自分の）番になる　［俗］死ぬ
　　drauf｜gehen　［俗］失われる，だめになる
　　drein｜reden　口出しする，干渉する

（2） 複合副詞のうち，例えば vor-＋前置詞として造られた voran(先頭に)，vorüber（〜を通り過ぎて）などが時間的な意味で用いられ，動作の起こる時間を表す複合動詞を作る：

— 155 —

① 前もって　　vorher|sagen　予告する
　　　　　　　voraus|sagen　予報する
　　　　　　　voraus|setzen　前提とする，予期する
② 開始・進行　voran|gehen　先に立って行く，進行する
③ 過ぎ去って　vorüber|gehen　過ぎ去る
　　　　　　　vorbei|gehen　過ぎ去る
　　　　　　　vorbei|lassen　やり過ごす
◇　前置詞＋-einander（相互に）あるいは前置詞＋-wärts（〜の方向へ）などの副詞は新正書法では動詞から分ち書きされ，動詞句の扱いである：
aneinander liegen　互いに隣接している（従来は aneinander|liegen）
auseinander gehen　分かれる，分離する（従来は auseinander|gehen）
zueinander finden　互いに親しくなる（従来は zueinander|finden）
aufwärts gehen　向上する（従来は aufwärts|gehen）

7.2.4.2.　派生動詞

7.2.4.2.1.　名詞からの明示的派生動詞

7.2.4.2.1.1.　［接頭辞＋名詞＋(-en/-n)］

　おもに動詞に付加する接頭辞 be-, ent-, ver-, zer-（→ 7.2.4.2.3.3.）には，名詞（及び形容詞；後述）からも動詞を派生させる働きがある．
① be-：さまざまな名詞から，付与，添加を表す動詞を作る
　　Freund→sich befreunden　親しくなる　　Wirt → bewirten　〜をもてなす
　　Dach→bedachen　〜に屋根をつける　　Schule→ beschulen　学校教育を施す
　　Auftrag→ beauftragen　委託する　　Herberge→beherbergen　宿泊させる
② ent-：離脱，除去を表す．ent- は同じく離脱,解除を表す los- に比べて，雅語の特徴をもつ
　　Gift → entgiften　毒素を除去する
　　Haupt → enthaupten　［雅］首をはねる
　　Blume → et^4 entblumen　［雅］〜から草花を奪い去る
　　Sorge → jn/et^4 entsorgen　［官］〜のごみを処理する
◇　entsorgen は ent- の雅語的要素を利用しての上品・婉曲な造語である．

③　ver-：名詞の表す状態になる動詞を形成．あるいは付与，添加の意味
　　Sumpf → versumpfen　沼地になる　　Bauer → verbauern　粗野になる
　　Schleier → verschleiern　ベールで被う　Gold → vergolden　金メッキする
④　zer-：散乱，破壊などを意味する
　　Krümel → zerkrümeln　（パンなどを）粉々にする
　　Trümmer → zertrümmern　瓦礫にする
　　Bombe → zerbomben　爆弾で破壊する
⑤　er-：名詞と結びついたのは次の一語だけである
　　Mann → sich ermannen　奮起する

7.2.4.2.1.2.　[名詞＋接尾辞 -el(-n), -ig(-en), -(is/ifiz)ier(-en)]

①　-el(-n)：基礎となる名詞の形状に次第にする/なる
　　Haufe → häufeln　（干し草などを）積み上げる
　　Stück → stückeln　細かく刻む　　Herbst → herbsteln　秋らしくなる
　　Frost(frosten は「冷凍にする」) → frösteln　寒さを覚える，震える
②　-ig(-en)：もとは名詞＋-ig の形容詞の動詞化（Stein → steinig → steinigen　投石の刑にする）の過程を経て，直接名詞に付加される：
　　Pein → peinigen　～を苦しめる　　Schaden → schädigen　損害を与える
③　-ier(-en)：外来名詞を動詞化，又は在来名詞から外来語風な動詞を作る
　　Probe → probieren　試す　　Amt → amtieren　在職する
　　Gast → gastieren　客演する，相手の本拠地でプレーする
④　-sier(-en)：　Harmonie → harmonisieren　和音をつける
　　　　　　　　　Kritik → kritisieren　批評する
⑤　-ifizier(-en)：Klasse → klassifizieren　等級に分ける

7.2.4.2.1.3.　[接頭辞＋名詞＋接尾辞 -ig(-en)/(-en/-n)]

be (er-, ver-)＋名詞＋-ig(-en) において，-ig- がない形と併存している場合もある：
　　be-　：Friede → befriedigen　満足させる，満たす
　　　　　　　　　　befrieden　～の心を静める
　　　　　　Nachricht → benachrichtigen　～に～を通知する
　　er-　：Kunde → sich erkundigen　問い合わせる

erkunden　探索して確認する
ver-：Geist → vergeistigen　精神的にする，知的なものにする
　　　Gewalt → vergewaltigen　暴力で犯す
ent-：Kraft → entkräftigen　〜の力を奪う

7.2.4.2.2.　形容詞からの明示的派生動詞

7.2.4.2.2.1.　［接頭辞 be-, er-, ver-＋形容詞＋(-en/-n)］
① 主語が形容詞の状態になることを意味する動詞（inchoativ）．
er-：blind → erblinden　盲目になる
　　 stark → erstarken　［雅］強まる
　　 kalt → erkalten 冷たくなる
ver-：arm → verarmen　貧しくなる
　　　blöde → verblöden　頭がぼける
② 目的語を基礎の形容詞（比較級も）の状態にする動詞（faktitiv）．
be-：frei → befreien　開放する
　　 ruhig → beruhigen　静める　　sich beruhigen　静まる
er-：kalt → erkälten　［雅］冷やす　　sich erkälten　風邪をひく
　　 inner → erinnern　想起させる　sich erinnern　思い出す/覚えている
　　 weiter → erweitern　拡張する　　sich erweitern　広がる
　　 mäßig → ermäßigen　（価格などを）軽減する
ver-：besser → verbessern　改良する　sich verbessern　よりよくなる
　　　deutlich → verdeutlichen　明確にする
　　　anschaulich → veranschaulichen　具体的に説明する
zer-：kleiner → zerkleinern　小さく切る／刻む／砕く
　　　mürbe → zermürben　ぼろぼろにする，風化させる
③ ent- は反対に基礎の形容詞の状態でなくすることを表す：
　 schuldig → entschuldigen　弁護する，許す
　 sauer → entsäuern　（〜から）酸性を除く

7.2.4.2.2.2.　［形容詞＋接尾辞 -ier(-en), -el(-n), -ig(-en)］
① -ier(-en)：外来の形容詞の動詞化に用いられる

dominant(ant を無くして)→ dominieren　支配的である，優勢である
aktuell(-ell を -al に変えて)→ aktualisieren　今日的なものにする
② -el(-n), -l(-n)：基礎の形容詞のようにふるまう意味の動詞を作る．概して悪い意味が伴う．
fromm → frömmeln　信心ぶる　　klug → klügeln　（小ざかしく）思案する
blöde → blödeln　馬鹿話をする，わざと馬鹿なまねをする
③ -ig(-en)：rein → reinigen　きれいにする
　　　　　　　　fest → festigen　強固なものにする　　sich festigen　確かなものになる

7.2.4.2.3. 動詞からの派生動詞

7.2.4.2.3.1. 暗示的派生－幹母音造語

強変化動詞の幹母音をウムラウトさせることによって，一連の弱変化の使役/作為動詞が形成される．一部，子音の変更を伴っていることもある：
fallen　倒れる → fällen　切り倒す
saugen　吸う → säugen　吸わせる
dringen　押し進む drang → drängen　押しやる
sinken　沈む sank → senken　沈める
schwimmen　泳ぐ schwamm → schwemmen　おし流す
essen　食べる aß → ätzen　（ひなに）えさを与える

7.2.4.2.3.2. 接尾辞[-el(-n)/-er(-n)]による派生動詞

（1）　動詞語幹に -el(-n)が付くと，動詞が表す動作・行為の程度が弱められる：
husten → hüsteln　軽く咳をする　　lachen → lächeln　ほほえむ
spotten → spötteln　からかう　　lieben → liebeln　戯れの恋をする
（2）　また，-er(-n)は運動や音の反復を表す動詞を作る：
blinkern　点滅信号を送る（もとの動詞 blinken もきらめくという意味）
wandern　歩き回る（現在対比すべきもとの動詞はない）
zwitschern　ぺちゃくちゃしゃべる（擬声語）

7.2.4.2.3.3. 接頭辞による派生動詞

単純動詞に be-, ent-(emp-), er-, ge-, ver-, zer- などの接頭辞を付けて新たな動詞を派生させる手段は，動詞造語のなかで最も生産的な造語法である．この場合，アクセントは元の動詞におかれる．
これらのいわゆる非分離の前綴にも，複合動詞の分離前綴同様，さまざまな働きが認められる．

① 元の動詞の意味を種々に変更する．
　　halten 保っている → behalten　所持している　　enthalten　含んでいる
　　　　　　　　　　　　erhalten　受け取る　　sich verhalten　ふるまう
② 自動詞を他動詞に変えたり，目的語の格を変更させることがある．
　　ins Zimmer treten → das Zimmer betreten　部屋に入る
　　jm. drohen → jn. bedrohen　ある人を脅す
③ 種々の動作相を表す：
　ⅰ) できごと/行為の開始　erklingen　鳴りだす　　erblühen　咲きだす
　　　(ingressiv)　　　　　erscheinen　現れる　　entstehen　発生する
　ⅱ) 完了 (perfektiv)　verklingen　鳴り止む　　verblühen　しぼむ
　　　　　　　　　　　vermessen　測りつくす　　zerplatzen　破裂する
　　　　　　　　　　　erlöschen　消える　　gefrieren　凍結する
　ⅲ) 強め (intensiv)　erretten　救出する
　　　　　　　　　　　erklettern　（上まで）よじ登る
④ 動作の起こる方向を表す：
　ⅰ) 中から外への運動　erlesen　選びだす　　sich ergießen　あふれ出る
　ⅱ) 離れていく運動　entfliehen　逃げ去る　　verjagen　追い払う
　ⅲ) 接近　betreten　足を踏みいれる
　◇ 動詞の接頭辞の意味は，多くの場合，二つ以上の動作相の組み合わせといえる．例えば，erretten（救出する）の er- は，retten（救う）の行為を完遂させる完了相 perfektive Aktionsart，その結果，強意相 intensive Aktionsart でもあるし，空間的には中から外への運動を表しもしている．

(1) be-
be- は古高ドイツ語の前置詞 bi（～のまわりに）に由来する．前置詞として今日の bei となる一方，次第に独立性を失い動詞の接頭辞として多用されるよ

7.2. 造　語

うになった形が be- である．be- の働きは次の通りである．
① 元の動詞に統語的変更をもたらす：
目的語のない自動詞 → 他動詞：
klagen → et⁴ beklagen　～を嘆き悲しむ
3格目的語 → 4格目的語：
jm. dienen → jn. bedienen　～にサービスする
前置詞目的語 → 4格目的語：
über jn/et⁴ schimpfen → jn/et⁴ beschimpfen　～をののしる
副詞句 → 4格目的語：
auf et⁴ steigen → et⁴ besteigen　～にのぼる
人の3格目的語＋4格目的語 → 人の4格目的語＋前置詞句：
jm. et⁴ liefern → jn. mit et³ beliefern　～に～を引き渡す
4格目的語＋前置詞句 → 4格目的語＋前置詞（mit）目的語：
ein Tuch über den Tisch decken → den Tisch mit Tuch bedecken
テーブルにクロスをかける
Wäsche an die Leine hängen → die Leine mit Wäsche behängen
ロープに洗濯物をつるす
他動詞 → 再帰的用法：
et⁴ trinken → sich betrinken　飲み過ぎる
② 並行して存在する元の動詞に比べて，be- が付加された動詞のほうが密着・執拗・権威づけなどの強めの意味をもっている場合がある：
jn. fragen — jn. befragen　～を訊問する
et⁴ fürchten — et⁴ befürchten　～を危惧する
◇ suchen（捜す）— besuchen（訪れる）のペアも，besuchen は suchen の強意相の動詞とも考えることができる．
③ 自動詞に付加し継続の意味を強化する：
beharren　固執する　　beruhen　基づく　　bestehen　存続する
④ 元の動詞が消滅したもの：
beginnen　始まる　　befehlen　命ずる

（2）　ent-/emp-
ent- は中高ドイツ語 ent-, 古高ドイツ語 int-, さらに古くは ant-（gegen の意

味)で，名詞のAntwort (f. 答え)，Antlitz (n. 顔)のなかにその名残りがみられる．f で始まる動詞に付加するときは emp- となる．ent-/emp- の働きは次の通りである．

① 対向を意味する：
　　jm. et⁴ entbieten　［雅］〜に〜を述べる
　　jm. et⁴ empfehlen　推薦する
② 主語および目的語が離脱し遠ざかる運動を表す：
　　jm. entfallen　［雅］〜の手から落ちる
　　jm/et³ entkommen　〜から逃れる
　　et³(aus et³)et⁴ entnehmen　〜から〜を取り出す
　　jm. et⁴ entreißen　ある人からあるものをもぎとる
③ 起動相の動詞を作る．同義の他の前綴に比べて優雅な表現となる：
　　ein|schlafen ― entschlafen　［雅］次第に眠り込む，安らかに永眠する
　　an|fachen ― entfachen　［雅］(火を)あおる，(感情を)かきたてる

(3)　er-

er- はゲルマン語*uz- „aus" と同源で，古高ドイツ語 ur- „aus〜heraus" は現在の名詞や形容詞に付加される接頭辞 ur- に窺うことができる．er- の働きは次の通りである．

① 中から外への運動の意味を加える：
　　von et³/aus et³ erfließen　〜から出る，由来する
　　et⁴ aus et³ ersehen　〜を〜から見てとる
② 継続相の自動詞，特に名詞や形容詞から派生した動詞を起動相にする：
　　ertönen　響きはじめる　　erglimmen　［詩］かすかに光りはじめる
　　erglänzen　輝きだす　　erstarren　凝固する
③ 結果/終結を意味する完了相の動詞を作る．完遂および獲得をめざすので，強めの意味もあわせもつ：
　　et⁴ erarbeiten　努力して自分のものにする，プロジェクト等を仕上げる
　　et⁴ ergeben　〜の結果を生み出す　　sich ergeben　結果として生じる
　　et⁴ erfassen　しっかりと捕らえる　　et⁴ ergreifen　とらえる
　　　元の動詞の統語的変更と意味の変更が同時に認められる場合がある：
　　nach et³ greifen　〜に手を伸ばす → et⁴ ergreifen　〜を掴まえる

7.2. 造　語

　　auf et⁴ blicken　〜の方に目をやる　→　et⁴ erblicken　見つける，認める
④　行為の終了にゆきついて，死を意味する一連の動詞を作る：
　　jn. erstechen　刺し殺す　　jn. erschlagen　殴り殺す
　　jn. erschießen　射殺する　　sich erschießen　（銃で）自殺する
　　jn. ertränken　溺死させる　　sich ertränken　入水する

（4）　ge-
　外来の接頭辞 kon-（共に，集合して）に等しく，結合を表す．あるいは完了を表す．現在，動詞接頭辞としての ge- には生産力はない．ge- を接頭辞にもつ動詞には次のような動詞がある．
①　ge- が結合を意味する動詞（完了相および強意相）：
　　gefrieren　凍結する　　gerinnen　凝固する
②　過去分詞の前綴 ge- の用法のように，ge- が完了を意味する動詞：
　　gebären　生む　　gelingen　成功する
　　gestatten　許す　　gewinnen　獲得する，勝つ
　　　　　　　　　（ge- のない形の動詞は現存しないことに注意）
③　ge- がついた形のほうが古風で，雅語に属する動詞：
　　denken—gedenken　思う，偲ぶ　　reuen—jn. gereuen　〜を悲しませる
　　loben—jm. et⁴ geloben　〜に〜を誓約する

（5）　miss-
　元の動詞に対し，その行為の失敗や誤りを意味する動詞を作る：
　　missglücken　失敗する　　jm. et. missgönnen　〜に〜を与えようとしない
　　misshandeln　虐待する　　missraten　うまくいかない
miss- は他の接頭辞と異なって，接頭辞派生動詞の前に付加することができ，その際はアクセントをもつ：
　　missverstehen　誤解する　　missbehagen　〜に不快感を与える

（6）　ver-
　ver- は，語源的には三つの異なる語であったのが，中高ドイツ語ごろから一つの形になったものである．ゴート語の形で三つの語を示すと fair (heraus「表へ」，hindurch「貫いて」)，faur (vor「前へ」，vorbei「通り過ぎて」) およ

— 163 —

び fra (weg「去って」) となる．それゆえ，他の接頭辞に比べて表す意味が多様である．全般には元の動詞を完了の動作相にするが，それに加えて様々な意味をもたらす．

① 動作/出来事の完遂を表す：
　　verfolgen　追求する，どこまでもたどる，迫害する
　　in et⁴ versinken　～に没入する
　　　ver- を付加した場合，元の動詞に統語的変更と意味の変更が同時に認められる場合がある：
　　mit jm. sprechen　～と話す → jm. et⁴ versprechen　約束する
　　über jn./ et⁴ lachen　～を見てわらう → jn./ et⁴ verlachen　嘲笑する
② 元の自動詞の出来事が次第に終了することを表す：
　　verklingen　次第になりやむ　　verhallen　（音が）次第に消え去る
③ 加工の行為をし遂げることを意味する：
　　verarbeiten　（原料を）加工する　　vermahlen　製粉する
　　verbacken　（小麦粉を）焼いて加工する
　　vergießen　鋳固める（注ぎそこなうの意味もある．⑦参照）
④ 消費，浪費を意味する：
　　verbrauchen　消費する　　verbringen　（時を）過ごす
　　vertrinken　（時や金を）酒を飲んで浪費する
　　verplaudern　（時を）おしゃべりして過ごす
⑤ 空間的には場所の変更を意味する：
　　versetzen　移し替える　　verpflanzen　移植する
⑥ 「去って，追い払って」を意味する：
　　verreisen　旅に出かける　　verjagen　駆逐する
⑦ 過ちの行為を意味する：
　　verbilden　いびつに作る　　verbauen　建て損う
　　versalzen　塩をいれすぎる　　sich verlesen　読み誤る
　　sich versprechen　言い損なう
⑧ 元の動詞が消滅した語：vergessen　忘れる　　verlieren　失う

(7)　zer-
　　古高ドイツ語 zur-/zar-/zir-, 中高ドイツ語 zer/ze で，„auseinander"（は

なればなれに）を意味した．zer- の働きは次の通りである．
 ① 分割，粉砕の意味を与える：
　　zerbeißen　噛みくだく　　zerteilen　分割（細分）する
　　zerbrechen　壊す，割る
 ② 損傷を与えることを表す．この場合は分割するという意味は後退する：
　　zerbeißen　噛んで傷をつける　　zerknittern　しわくちゃにする
　　zerkochen　煮えすぎてどろどろになる　　zerreden　論じすぎてだめにする

（8）外来の接頭辞
　de-, dis-, in-, kon-, re- は -ieren で終わる外来の動詞に付加される．
de-/des-(母音の前)：除去，分離，欠落を意味する
　　dekomponieren　分解する　　demoralisieren　風紀を退廃させる
dis-/dif(f の前)：不一致，逆を意味する
　　disharmonisieren　不協和音を出す　　diffamieren　中傷する
in-/im-(m, b, p の前)：中へを意味する
　　installieren　設置する　　importieren　輸入する
kon-/ko-(母音の前)/kom-(m, b, p の前)など：共に，一致して
　　konzentrieren　集中する　　kooperieren　共同作業する
re-：反復，反対，再度を意味する
　　reduzieren　還元する　　reflektieren　反射する

7.2.4.2.3.4. いわゆる分離・非分離の前綴(→7.2.4.1.4.1.の注)

　durch-, um-, über-. unter-, wider-, wieder- は，あるときは複合動詞を形成し，あるときは派生動詞を作る．一般に複合動詞の前綴としては具体的，空間的な意味を保持し，接頭辞としては比喩的な意味をもつと言われるが，前綴により事情は様々である．
（1）durch-
　① 空間的な意味
　ⅰ）複合動詞では「～を通って」を表す：
　　durch et⁴ durch|reisen　～を旅行中に通過する
　　et⁴ (ein Loch durch et⁴) durch|schlagen　～に穴を打ち貫く
　ⅱ）派生動詞でも「～を通って」を表す．場所あるいは貫徹する物は4格

目的語となる：
　　et⁴ durchflie̱ßen　　～を貫流する　　　et⁴ durchbre̱chen　うち破る
　② 行為の完遂（perfektiv, resultativ）
　ⅰ）複合動詞では「徹底」を表す：
　　et⁴ durch|arbeiten　細部にいたるまで仕上げる
　　et⁴ durch|braten　（肉を）十分に焼く
　　　「徹底」が嵩じて，「消耗，摩滅，損傷」を表すこともある：
　　sich durch|liegen　床ずれをおこす
　ⅱ）派生動詞でも「徹底」を表す：
　　et⁴ durchde̱nken　じっくり検討する
　　　場所の4格目的語をとり，空間的に密着/浸透する意味を表す：
　　et⁴ durchre̱isen　あちこち旅行する　　et⁴ durchsu̱chen　隈なく捜索する
　　et⁴ durchfa̱hren　（乗り物で）くまなく回る
　③ 継続を表す（durativ）
　ⅰ）複合動詞では時間や場所の規定語を伴い，行為が継続する事を表す：
　　durch|wandern　（ある時間，ある場所だけ）歩き続ける
　　die ganze Nacht durch|wachen　夜中眠らずにいる
　ⅱ）派生動詞では時間の長さを示す4格目的語をとる：
　　et⁴ durcha̱rbeiten　（ある時間を）働いてすごす
　　die Nacht durchta̱nzen　夜を踊り明かす

（2）　um-
　① 空間的な意味
　ⅰ）複合動詞では「～のまわりに」を表す：
　　まわりに(um～herum)：jm. et⁴ um|binden　～に～を巻きつける
　　回転運動：um|laufen　回転する　　et. um|drehen　回転させる
　　彷徨(umher)：um|gehen　さまよう　　et. um|treiben　駆り立てる
　ⅱ）派生動詞でも，複合動詞の場合と同じく「周囲，包囲，巻きつけ」を意味する：
　　jn/et⁴ umdrä̱ngen　～の周囲に群がる
　　et⁴ mit et³ umfa̱hren　乗り物で～の周囲を回る
　　et⁴ mit et³ umbi̱nden　～の回りを～で巻く

7.2. 造　　語

　　　et⁴ mit et³ umgeben　　～を～で囲う
　②　方向および様態の変更を意味するのは複合動詞に限られる．
　　　in et⁴ um|siedeln　　～へ移住する，～へ転居する
　　　um|bauen　建て替える　　　um|deuten　解釈を変える
　　　sich um|kleiden　着替える　　sich um|wandeln　すっかり変わる
　　　逆方向：sich um|schauen　後ろをふりむく　　sich um|drehen　ふりむく
　　　転倒　：um|fallen 倒れる　　jn. um|reiten　馬で倒す
　　　危害　：um|kommen　(事故などで)死ぬ　　jm. um|bringen　殺害する

（3）über-
　①　空間的な意味
　ⅰ）複合動詞では「～を越えて」を表す：
　　　液体のあふれ：über|kochen　ふきこぼれる　　über|fluten　溢れる
　　　～を越えて：über|fahren　(越えて)渡る　　über|setzen　(越えて)渡す
　　　被覆：jm. et⁴ über|gießen　～に～を注ぎかける
　ⅱ）派生動詞でも「～を越えて」を表す：
　　　液体のあふれ：et⁴ überfluten　～を水浸しにする
　　　～を越えて：et⁴ überbrücken　～に橋を架ける
　　　被覆：et⁴ mit et³ übergießen　～を～で覆う
　②　比喩的意味の「越えて」
　ⅰ）複合動詞では「過度」のほか「余剰」も表す：
　　　過度：über|belichten　［写］過度に露出する
　　　　　　sich³ et. über|essen　～を食べすぎる(zuviel essen)
　　　余り(übrig)：über|behalten　［俗］残す，余す(übrig behalten)
　　　　　　　　　über|lassen　［俗］残す，余す(übrig lassen)
　ⅱ）派生動詞でも「過度」を表す：
　　　過度：jn. überfordern　過大な要求をする
　　　　　　jn. überfragen　相手の能力を越えた質問をする
　　　　　　sich überessen　食べすぎる
　③　派生動詞では「過度」以外に多様な比喩的意味が認められ，「分離の前綴は具体的な意味，非分離の前綴は比喩的意味を表すことが多い」といわれることがここではあてはまる．

語彙・造語

　　存続　　　：überd*au*ern　（〜より）長持ちする
　　　　　　　　überl*e*ben　（〜を）生き延びる
　　転倒　　　：sich überschl*a*gen　でんぐり返る
　　移し換え　：übers*e*tzen　翻訳する
　　譲渡・委任：jm. et⁴ überg*e*ben　〜に〜を渡す，委ねる
　　確認　　　：jn. von et³ überz*eu*gen　〜に〜を納得させる
　　無視・省略：et⁴ überg*e*hen　〜を見過ごす　überspr*i*ngen　頁をぬかす
　　過失　　　：überh*ö*ren　聞き逃す　überl*e*sen　読み落とす
　　克服・凌駕：überst*e*hen　打ち勝つ　überw*ie*gen　勝っている
　　襲撃　　　：überr*a*schen　驚かす　überf*a*llen　襲う
　◇　über- を接頭辞にもつ動詞のうち，[前置詞 über ＋時を示す名詞]の合接から作られた動詞もある：
　　überw*i*ntern(← über Winter)　越冬する
　　übern*a*chten(← über Nacht)　夜を過ごす，宿泊する

(4)　unter-

　unter- は，語源的には über- の反義を表す unter(ラテン語 infra)と，zwischen の意味を表す unter (ラテン語 inter)の二通りがある．従って，unter- を前綴とする動詞はこの二つの意味に大別でき，さらにそれぞれに空間的意味を保持している場合と比喩的意味をもつ場合が認められる．

　①　「下方に」を表す unter-

　ⅰ）複合動詞では，この意味の unter- は副詞 unten あるいは nach unten で言い換えることができる：
　　unter|gehen 沈む　　jm. et⁴ unter|legen　〜を〜の下に置く
　　et⁴ unter|graben　（肥料などを）地中に埋める
　ⅱ）派生動詞でも「下方に」を表す：
　　et⁴ unterh*ö*hlen　〜の下をえぐる
　　et⁴ unterstr*ei*chen　〜の下に線を引く → 強調する
　　et⁴ unterschr*ei*ben　〜の下に書く → 署名する
　空間的な[下方に]から，次のような比喩的な意味をもつ動詞がある：
　　抑圧：et⁴ unterdr*ü*cken　抑制する　　jn. unterj*o*chen　征服する
　　従属：et³ unterl*ie*gen　〜に屈する

7.2. 造　　語

　　　jn. jm. unterstellen　～を～に従属させる
　　過小：unterschätzen　過小評価する　　unterfordern　要求をひかえる
　　補助：unterhalten　扶養する　　unterstützen　援助する
　　補強：et⁴ mit et³ unterlegen　～を～で裏打ちする
② 「混入，介在，遮断」を意味する unter-
ⅰ) 複合動詞では，この意味の unter- は mitten unter et⁴ (～の中へ) に言い換えることができる．
　　混入：et⁴ unter|mengen, et⁴ unter|mischen　混ぜる
ⅱ) 派生動詞の例
　　混入：et⁴ mit et³ untermengen　～に～を混ぜる
　　介在：sich mit jm. unterhalten　～と歓談する
　　遮断：et⁴ unterbrechen　～を中断する
　　　　　et⁴ unterbinden　差し止める，阻止する

(5)　wider-
ⅰ) 複合動詞では「反響，反射（物理的）」を表す：
　　wider|hallen, wider|klingen　反響する
ⅱ) 派生動詞では「反駁」を表す：
　　jm. widersprechen　～に異議を唱える　　et⁴ widerlegen　～を論駁する

(6)　wieder-
ⅰ) 複合動詞では，「復原，再生，返却」などを表す：
　　復原：wieder|beleben　蘇生させる
　　再生：sich an et⁴ wieder|erinnern　～を思い出す
　　返却：wieder|bekommen (＝zurück|bekommen)　返してもらう
ⅱ) 派生動詞は wiederholen（繰り返す）の一語だけである．
　◇　従来は複合動詞とされた次の動詞などは，新正書法では副詞との動詞句とされる．wieder を erneut（あらたに），nochmals（もう一度）と取り替えても，全体の意味にかわりがない：
　　wieder gewinnen　再び取り返す（従来は wieder|gewinnen）
　　wieder kommen　再び来る（従来は wieder|kommen）
　　wieder sehen　再び会う（従来は wieder|sehen）

◇　hinter- は従来, 俗語や方言であるものの, hinter|gehen(後ろへ行く), hinter|schlingen(むりやり飲み込む), hinter|schlucken(ぐっと飲み込む) などの語を認めて, 分離非分離の前綴のひとつに数えられていたが, 新正書法では hinter- は分離する前綴のリストには記載されていない. hinter|gehen は nach hinten gehen, hinter|schlucken は hinunter|schlucken で言い表されるほうが一般的なのである. 従って, hinter- は次のような派生動詞において, おもに比喩的な意味をもつ接頭辞としてのみ認められる：

後に（時間的）：hinterlạssen　あとに残す
保管：hinterlegen　預ける, 保管してもらう
陰で, 背後で：hinterbrịngen　こっそり知らせる,　　hintergehen　欺く

7.2.4.3.　品詞転換による動詞の造語

7.2.4.3.1.　［名詞＋(-en/-n)］

　名詞がほぼ形態を変えずにそのまま動詞語幹となる造語である. いくつかの語においてはウムラウトすることがある. 名詞から品詞転換で形成される動詞は元になる名詞のタイプにより, さまざまな意味になる.
　① 　人/動物を表す名詞から：N のような行動/ふるまいをする
　　　Tischler m. → tischlern　（余暇に）家具製作をする
　　　Aal m. → sich aalen　（ひなたなどでのんびりと）寝そべる
　② 　物の名詞から：主語が N の性質/形状を具現する
　　　Perle f. → perlen　したたる,（玉を転がすように）美しく響く
　　　Pendel n. → pendeln　（振り子のように）揺れ動く
　　　Wirbel m. → wirbeln　（液体, 気体などが）渦を巻く
　③ 　自然現象, 暦の日時, 祭日, 季節を表す名詞から：N になる/N が起こる
　　　Regen m. → regnen　雨が降る（-e- の脱落後に不定詞語尾 -en が付く）
　　　Donner m. → donnern　雷が鳴る　　Tag → tagen　朝になる
　　　Weihnachten n. → weihnachten　クリスマスが近づく, ～の雰囲気が漂う
　④ 　基礎となった名詞が生じる/を生じさせる, 獲得する
　　　Keim m. → keimen　発芽する　Träne f. → tränen　涙を分泌する
　　　Schimmel m. → schimmeln　かびがはえる　　Duft m. → duften　香る

7.2. 造　　語

　　Butter f. → buttern　　バターを作る，バターになる
　　Münze f. → münzen　鋳造する　　Film m. → filmen　（～を）映画にとる
　　Fisch m. → fischen　魚を釣る，魚を捕る
　　Kalb n. → kalben　（牛，象，キリン，シカなどが）子を産む
　　Lamm n. → lammen　（羊，ヤギなどが）子を産む
⑤　嘘，呪い，嘆き，冗談などことばおよび音に関する名詞から：
　　Lüge f. → lügen　嘘をつく　　Fluch m. → fluchen　呪う
　　Antwort f. → antworten　答える　　Wort n. → worten　言語化する
　　Ton m. → tönen　音を立てる　　Lärm m. → lärmen　騒音を出す
⑥　主語が名詞（おもに抽象名詞）の表す精神状態にある：
　　Furcht f. → (sich) fürchten　恐れる　　Traum m. → träumen　夢をみる
　　Zweifel m. → zweifeln　疑う　　Neid m. → neiden　妬む
⑦　名詞 N の表す形状へと移行する/移行させる：
　　Krümel m. → krümeln　ぽろぽろくずれる　　Bündel n. → bündeln　束ねる
⑧　あることが名詞の表す場所で起こることを示す：
　　Haus n. → hausen　（文化的でない環境などに）住む
　　Speicher m. → speichern　（倉庫などに）貯蔵する
　　Wasser n. → wassern　（飛行機/宇宙船などが）着水する
⑨　物あるいは抽象名詞から：～に N（物および精神的なもの）を与える
　　Futter n. → füttern　えさを与える　　Schutz m. → schützen　保護する
　　Qual f. → quälen　苦しめる　　Trost m. → trösten　慰める
　材料を表す名詞を添加する：
　　Öl n. → ölen　油を塗る　　Salz n. → salzen　～に塩を加える
　　Polster n. → polstern　～に詰め物をする
⑩　⑨とは反対に剝奪，離脱を意味する：
　　Schale f. → schälen　（皮を）むく　　Floh m. → flöhen　（動物の）蚤をとる
　　Kopf m. → köpfen　（～の）首をはねる
⑪　楽器/道具/機械の名詞ではそれで演奏/仕事をする意味である：
　　Flöte f. → flöten　フルートを吹く
　　Bagger m. → baggern　パワーショベルで掘りあげる
◇　以上はすべて単一語を元にした品詞転換語である．複合名詞からの品詞転換動詞には次のような語がある：

（1）［名詞＋名詞］の複合語から
　　　maßregeln(← Maßregel f. 処方)　懲戒処分にする；過去分詞 gemaßregelt
　　　wetteifern(← Wetteifer m. 競争心)　張り合う；過去分詞　gewetteifert
（2）［形容詞＋名詞］の複合語あるいは合接語から
　　　frühstücken(← Frühstück n.)　朝食をとる；過去分詞　gefrühstückt
　　　langweilen(← Langeweile f.)　退屈させる；過去分詞　gelangweilt

7.2.4.3.2.　［形容詞＋(-en/-n)］

　形容詞が、形態を変えずにそのまま動詞語幹となる造語である。形成された動詞の動作相によって次のように分類できる。
　① 主語が基礎の形容詞の状態であることを表す動詞（継続相）：
　　　krank → an et³ kranken　罹患している（ただし kränken　侮辱する）
　　　lahm → lahmen　麻痺している（ただし lähmen　麻痺させる）
　　　gleich → gleichen　似ている　　bange → um ～ et⁴ bangen　心配している
　② 主語が基礎の形容詞の状態になることを表す動詞（起動相）：
　　　grau → grauen　灰色になる　　 grün → grünen　緑になる/青々している
　　　reif → reifen　熟す　　 faul → faulen　腐る　　 heil → heilen　治る
　　　welk → welken　枯れる
　③ 目的語を基礎の形容詞の状態にさせる動詞(作為動詞)。再帰的用法をあわせもつものも多い：
　　　leer → leeren　からにする　　sich leeren　からになる
　　　offen → öffnen　開ける　　sich öffnen　開く
　　　besser(比較級より)→ bessern　改良する　　sich bessern　良くなる
　　　kurz → kürzen　短くする　　hart → härten　硬くする

7.2.4.4.　合接による動詞の造語

（1）名詞を第一構成素とする合接動詞
　maßregeln(← Maßregel f. 処方)のような複合名詞からの品詞転換動詞と外形は同じく、第一構成素は名詞で非分離である：
　　　brandmarken(←Brand marken)　焼き印を押す；過去分詞 gebrandmarkt
　　　handhaben(← Hand haben)　取り扱う；過去分詞　gehandhabt
　　　nachtwandeln(←Nacht wandeln)　夢遊する；過去分詞　genachtwandelt

7.2. 造　　語

◇　合接動詞が，新正書法では，合接まえの動詞句としても認められている例がある：
da̱nksagen /Dank sagen　（お礼をいう；ich da̱nksage, ich sage Dank）
gewa̱hrleisten/Gewähr leisten
　　　　　　　　　（保証する；ich gewa̱hrleiste, ich leiste Gewähr）
◇　次のような合接動詞は，実際は不定詞あるいは名詞化された形でしか用いないことが多い：
ba̱uchreden　腹話術をする　　be̱rgsteigen　登山をする
bru̱chlanden　着陸して機体を壊す　　bru̱stschwimmen　平泳ぎをする
ko̱pfrechnen　暗算する　　se̱iltanzen　綱渡りする
we̱ttrennen　（特に車・馬などで）競争する

（2）　形容詞を第一構成素とする合接動詞
　　　lie̱bkosen（← lieb kosen）　愛撫する；過去分詞　geliebkost, liebkost
　　　we̱issagen（← weis sagen）　予言する；過去分詞　geweissagt
　　　frohlo̱cken（← froh locken）　小躍りして喜ぶ；過去分詞　frohlockt
　　　vollbri̱ngen（← voll bringen）　成し遂げる；過去分詞　vollbracht
　　　volle̱nden（← voll enden）　完成する；過去分詞　vollendet
◇　五つの voll- 動詞は，voll- に前綴としての生産力はなく（→7.2.4.1.3. の二番目の注），形成過程から，合接動詞に分類する．

7.2.4.5.　逆成による動詞の造語

　名詞＋動作名詞あるいは動詞由来の名詞の組み合わせなどから，逆に合接動詞のような動詞を生じさせる場合がある：
　　　No̱tlandung　緊急着陸　→　no̱tlanden　緊急着陸する
　　　U̱nterbelichtung　［写］露出不足　→　u̱nterbelichten　不十分に露出する
　　　E̱hebruch　姦通　→　e̱hebrechen　姦通する
　　　Mä̱hdrescher　刈取り脱穀機　→　mä̱hdreschen　コンバインで刈り取る
　　　Sta̱ubsauger　電気掃除機　→　sta̱ubsaugen　電気掃除機を使って掃除する
◇　この場合，単に「刈り取る」あるいは「埃を吸いとる」のではなく，「（逆成の元となった名詞）の機械を使って」という意味が付与される．

7.2.5. 副詞の造語

副詞の造語には合接によることが多く，ついで複合と派生も利用される．

7.2.5.1. 合接による副詞
（1） 名詞句の合接：副詞的2格が固定化したものである
　① 冠詞類/代名詞/数詞＋名詞：
　　　　derart（←der Art）　そんなに　　allerdings　確かに，もっとも
　　　　keineswegs　決して～ない　　derzeit　目下，当時
　　　　tausendmal　千回，何千回も
　② 形容詞＋名詞：mittlerweile（←mittler Weile）　そうこうする間に
　　　　　　　　　　kurzerhand　あっさり，即座に
（2） 前置詞句の合接
　① 前置詞＋名詞：zugrunde　底まで，破滅して　　zuweilen　ときおり
　　　　　　　　　　durchweg(durchweg)　一貫して，おしなべて
　　　　　　　　　　zuhause　家で
　　　　　　　　　　～vormittag　～の午前　　～nachmittag　～の午後
　　◇ 従来の heute vormittag, gestern nachmittag は，新正書法では heute Vormittag, gestern Nachmittag と表記する．
　　◇ infolge（～の結果として），anstatt（～のかわりに），zugunsten（～に有利になるように）など，前置詞として使われているものも多い．
　② 前置詞＋代名詞：außerdem　それに加えて　　indessen　しかしながら
　　　　　　　　　　　ohnedies　そうでなくとも　miteinander　連れだって
　③ 前置詞後置の合接：deswegen/deshalb　それゆえ　demnach　それに従って
　④ 前置詞＋冠詞＋名詞：unterderhand　ひそかに　vorderhand　さしあたり
　⑤ 副詞＋前置詞＋名詞：hierzulande　［雅］　当地では
　⑥ 前置詞＋形容詞：beinahe　ほとんど　zugleich　同時に　vorerst　最初に
　⑦ 名詞＋後置詞：bergab　山を下って　　bergauf　山を登って
　　　　　　　　　　flussab　川を下って　　flussauf　川をさかのぼって
　　　　　　　　　　tagaus, tagein　明けても暮れても　　kopfüber　まっさかさまに

7.2. 造　　語

◇　さらに -wärts が付加される場合もある：stromabwärts 下流へ
（3）　-r- を介した da/wo と前置詞の合接
　　　darunter　その下に（へ）　　　darüber　その上の方に（へ）
　　　worein　何の中へ　　　worin　何の中に　　　worum　何のまわりに
　　　worunter　何の下に　　　worüber　何の上に
◇　前置詞＋代名詞は場所を表す副詞 da/wo/hier と前置詞の融合形で代用されることがある．この融合形を**代名詞的副詞**という．

7.2.5.2.　複合による副詞
二つ以上の不変化詞から成り，全体が副詞として機能している．
（1）　前置詞＋副詞：
　　　時間の副詞　vorgestern　おとつい　　　übermorgen　あさって
（2）　副詞＋副詞：
　　　sonstwie　他のなんらかの方法で　　　weitaus　はるかに，ずっと
　　　geradeaus　まっすぐに　　durchaus　全く，徹頭徹尾
　　　wiederum　またもや　　immerzu　いつも　　umsonst　無料で，むだに
　　　sofort　すぐさま　　sowieso　どっちみち
　　　ebenso　（wie と呼応して）〜とちょうど同じ程度に
◇　新正書法では，soviel/soweit（〜の限りでは）は接続詞として用いられる場合だけ一語書きし，副詞の場合は so viel（wie と呼応して：「〜と同じくらい」），so weit（wie と呼応して：「できるだけ〜」）と分かち書きされる．
（3）　da/hin/her＋前置詞；前置詞/副詞＋her/hin
　　　dazu　その方へ　　hinab　（こちらの上から）あちらの下へ
　　　herunter　（むこうの上から）こちらの下へ　　vorher　まえもって
　　　vorhin　いましがた　　（von）dorther　そこから　　dorthin　そこへ
　　　hierher　こちらへ　　daraufhin　そのあとで
　　　immerhin　ともかくも　　mithin　従って

7.2.5.3.　派生による副詞
次のような接尾辞を使って副詞を派生させることができる．

語彙・造語

（1） -s による派生副詞

　接尾辞 -s は，もと abends（夜に），anfangs（始めは），eingangs（冒頭に）などにみられるように副詞的2格の文法的語尾であったが，やがて nachts（夜に）など女性名詞にも付加され，副詞の接尾辞として発達した．

形容詞/副詞に付加：bereits　すでに　　besonders　特別に　　stets　つねに
　　　　　　　　　　　links　左に　　　rechts　右に　　öfters　たびたび
分詞に付加：eilends　急いで　　vergebens　無駄に，無益に
名詞句に付加：allerorts　いたるところで　　hinterrücks　だまし討ち的に

（2） -ens による派生副詞

　形容詞の最上級に付けて副詞を作る：
　　　höchstens　せいぜい　　längstens　いくら長くとも，いくら遅くとも
　　　序数に付けて：erstens　最初に　　zweitens　二番目に　　drittens　三番目に
　　　その他：übrigens　ところで　　rechtens　正当に，当然

（3） -lings による派生副詞

　身体部位の名詞に付加して，動作を表す副詞を作る：
　　　bäuchlings　腹ばいで，うつぶせに　　rücklings　あおむけに
　また，形容詞，動詞語幹に付加して様態の副詞を作る：
　　　blindlings　めくらめっぽうに　　jählings　急に
　　　meuchlings　だまし討ちに　　rittlings　馬乗りに

（4） -lei（拡張形 -er-lei）による派生副詞

　フランス語の ley „Art" に由来し，おもに数詞や不定代名詞に付加して，無語尾で付加的に使われる形容詞を作る：
　　　zweierlei　二種類の（に）　　hunderterlei　百種もの，多種多様な（に）
　　　beiderlei　両種　　jederlei　あらゆる，すべての
　　　keinerlei　どんな種類のものも〜ない

（5） -wärts による派生副詞

　-wärts は古高ドイツ語の2格 -wertes に由来し，wenden（方向を変える）と同源である．「〜の方へ」という意味の副詞を作る．
　　　名詞に付加：bergwärts　山の方へ　　ostwärts　東に向かって
　　　副詞/形容詞に付加：auswärts　外で　　vorwärts　前方へ
　　　　　　　　　　　　anderswärts　よそで
　　　名詞＋副詞＋-wärts：bergaufwärts　山を登って　　stadtauswärts

7.2. 造　　語

　　　　　　町の外へ　　　waldeinwärts　森の中へ
（6）　-halben による派生副詞
　代名詞の2格の古い形に付けて，「～のために」，「～のせいで」を意味する副詞を作る．発音の都合上，-(e)t- が挿入される：
　　meinethalben　私については　　dessenthalben　そのために
（7）　その他
　　-dings　 : glatterdings　率直に　　neuerdings　最近
　　-mals　　: abermals　再び　　niemals　決して
　　-maßen　: einigermaßen　いくらか, 多少　folgendermaßen　次のように
　　-weise　 : beispielsweise　例えば　　teilweise　部分的に
　　-seits　　: einerseits　一方では　　jenseits　向こう側では
　◇　これらは，-dings ＜ Ding, -mals ＜ Mal, -weise ＜ Weise, -seits ＜ Seite など，本来は名詞に由来する．複合語や合接語の最終構成素として多用され，擬似接尾辞の過程を経て接尾辞となっている．

参考文献

Altmann, H./Kemmerling, S.: *Wortbildung fürs Examen.* Studien-und Arbeitsbuch. Wiesbaden: Westdeutscher Verlag 2000.

Deutsche Wortbildung. Typen und Tendenzen in der Gegenwartssprache. Eine Bestandsaufnahme des Instituts für deutsche Sprache. Forschungsstelle Innsbruck.

Kühnhold, I./Wellmann, H.: 1. Hauptteil: Das Verb. Düsseldorf: Schwann 1973.

Wellmann, H.: 2. Hauptteil: Das Substantiv. Düsseldorf: Schwann 1975.

Kühnhold, I./Putzer, O./Wellmann, H.: 3. Hauptteil: Das Adjektiv. Düsseldorf: Schwann 1978.

Erben, J.: *Einführung in die deutsche Wortbildungslehre.* Berlin: Erich Schmidt 1982.

Stepanowa, M. D./Fleischer, W.: *Grundzüge der deutschen Wortbildung.* Leipzig: VEB Bibliographisches Institut 1985.

Fleischer, W./Barz, I.: *Wortbildung der deutschen Gegenwartssprache.* 2. Aufl. Tübingen: Niemeyer 1995.

Henzen, W.: *Deutsche Wortbildung.* 2. Aufl. Tübingen: Niemeyer 1957.

Motsch, W.: *Deutsche Wortbildung in Grundzügen.* Berlin・New York: de Gruyter 1999.

Naumann, B.: *Einführung in die Wortbildungslehre des Deutschen.* 2. Aufl. Tübingen: Niemeyer 1986.

塩谷饒:『単語の知識』白水社　1958.

太城桂子:「複合動詞について」.浜崎長寿・乙政潤・野入逸彦編『日独語対照研究』大学書林　1985, 50～56ページ.

太城桂子:「動詞からの派生名詞について」.浜崎長寿・乙政潤・野入逸彦編『日独語対照研究』大学書林　1985, 57～62ページ.

事項の索引

(読者はまず目次を索引として利用してほしい。とくに名詞・形容詞・動詞・副詞の造語に関しては，目次でたいてい事が足りよう。目次では探せない小事項のみ以下の索引で検索すればよい)

ア

挨拶ことば	109
暗示的派生	85, 86, 159

イ

一語化	88
イディオム化	93
イニシャル縮約語	91

カ

外心構造	101
外来語	98
拡大造語	97, 102, 137
頭文字語	91
活用	89
幹母音造語	86, 159
完了相	160, 162

キ

擬似接頭辞	84, 97, 101
擬似接尾辞	84, 127, 177
基礎語	83, 95
規定語	83, 95
起動相	162, 172
決まり文句	109
逆成	86
キャッチフレーズ	109
強意相	160, 163
共時的	82
共成	87, 141
〜形容詞	87, 149
切り詰め語	91
語中〜	91
語頭〜	91
語末〜	91

ケ

継続相	162, 172
形容詞	
擬似過去分詞形の〜	149
色彩の明暗・濃淡の程度を表わす〜	138
動詞語幹から造られた〜	148
系列造語	84
限定複合語	83, 95, 100, 102

コ

語彙化	93
語彙的転換	89
行為名詞	109
合接	87, 88

事項の索引

合接語	88
合接動詞	131, 172
語幹	82
語交差	92
語縮約	91
語創造	82
語頭綴語	91
固有名詞	106
混淆	92

サ

作為動詞	86, 172

シ

恣意性	
言語記号の〜	94
借用	82
縮小造語	97, 102, 138
縮約音価語	91
所有複合語	84, 101
新語	92
新造語	92

セ

接辞	82
接頭辞	84
形容詞に付加する〜	145
名詞に付加する外来の〜	129, 147
〜造語	85
接頭辞 be-	89
接尾辞	84
接尾辞 -ier (-en)	89
接尾辞 -lich	138

ゼロ派生	90
前綴	85, 149

ソ

造語	82
造語論	82
即席造語	92

タ

第一構成素	83
第二構成素	83
代名詞的副詞	175
脱名詞化	150
単一語	84
短縮語	91
単純動詞	110

ツ

通時的	82

テ

程度形容複合語	84, 96, 101
程度の副詞	97, 137

ト

同義関係	134
道具名詞	87
統語的転換	89, 90, 133
動作相	86, 160
動作名詞	87, 109, 112
動作主名詞	109
動詞	
前置詞＋名詞の合接を伴う〜	150

事項の索引

〜語幹	106, 119
〜接頭辞	85
動詞句	110
名詞と動詞からなる〜	150

ナ

内心構造	101

ハ

派生	
明示的〜	85
派生語	85
派生形容詞	
形容詞を基礎とする -haft〜	144
外来語形容詞を基礎とする -isch〜	143
形容詞を基礎とする -lich〜	141
形容詞を基礎とする -sam〜	141
動詞を基礎とする -haft〜	144
動詞を基礎とする -ig〜	142
動詞を基礎とする -isch〜	143
動詞を基礎とする -lich〜	140
動詞を基礎とする -sam〜	141
動詞を基礎とする -bar〜	139
副詞を基礎とする -ig〜	142
名詞を基礎とする -bar〜	139
名詞を基礎とする -haft〜	143
名詞を基礎とする -ig〜	141
名詞を基礎とする -isch〜	142
名詞を基礎とする -lich〜	140
名詞を基礎とする -sam〜	141
派生動詞	156
派生名詞	
形容詞を基礎とする -e〜	114
形容詞を基礎とする -heit/-keit/-igkeit〜	114
形容詞を基礎とする -ling〜	122
形容詞を基礎とする -nis〜	112
形容詞を基礎とする -sal〜	118
形容詞を基礎とする -schaft〜	117
形容詞を基礎とする -tum〜	117
数詞を基礎とする -er〜	121
数詞を基礎とする -ling〜	123
動詞を基礎とする -e〜	113
動詞を基礎とする -er〜	119
動詞を基礎とする -ling〜	122
動詞を基礎とする -nis〜	112
動詞を基礎とする -sal〜	118
動詞を基礎とする -schaft〜	116
動詞を基礎とする -tum〜	118
名詞を基礎とする -e〜	114
名詞を基礎とする -ei/-elei/-erei〜	123
名詞を基礎とする -er〜	120
名詞を基礎とする -heit〜	115
名詞を基礎とする -ling〜	122
名詞を基礎とする -nis〜	112
名詞を基礎とする -sal〜	118
名詞を基礎とする -schaft〜	116
名詞を基礎とする -tum〜	117
反義関係	135

ヒ

被成名詞	111
非分離の前綴	85
比喩	

事項の索引

〜造語	142
〜複合語	96, 136
品詞転換	89
複合名詞からの〜動詞	171

フ

複合	83
複合語	83
限定的並列〜	99
並列〜	99, 137
明確化〜	84, 98
不定詞	106, 138
〜語尾	89
分詞	
〜形容詞	137
分離動詞	149
分離の前綴	86

マ

前綴(まえつづり)→前綴(ぜんてつ)	

メ

命名	82

ユ

有契性	94
融合形	175

リ

略語	92
略号	92

ワ

枠造語形	92, 100

目録進呈　落丁本・乱丁本はお取替えいたします。

平成 14 年 4 月 10 日　　Ⓒ 第 1 版発行
平成 14 年 8 月 30 日　　　第 2 版発行

〈ドイツ語文法シリーズ〉 7
語彙・造語

著　者　　野　入　逸　彦
　　　　　太　城　桂　子

発行者　　佐　藤　政　人

発行所
株式会社　大 学 書 林
東京都文京区小石川 4 丁目 7 番 4 号
振 替 口 座　　00120-8-43740
電　話　(03) 3812-6281〜3番
郵便番号112-0002

ISBN4-475-01496-4　　写研・横山印刷・文章堂製本

浜崎長寿・乙政　潤・野入逸彦編集
「ドイツ語文法シリーズ」
第Ⅰ期10巻内容（※は既刊）

第1巻
※「ドイツ語文法研究概論」　　　　浜崎長寿・乙政　潤・野入逸彦

第2巻
「名詞・代名詞・形容詞」　　　　浜崎長寿・橋本政義

第3巻
「冠詞・前置詞・格」　　　　成田　節

第4巻
「動詞」　　　　浜崎長寿・野入逸彦・八本木　薫

第5巻
※「副詞」　　　　井口　靖

第6巻
「接続詞」　　　　村上重子

第7巻
※「語彙・造語」　　　　野入逸彦・太城桂子

第8巻
「発音・綴字」　　　　野入逸彦

第9巻
※「副文・関係代名詞・関係副詞」　　　　乙政　潤・橋本政義

第10巻
※「表現・文体」　　　　乙政　潤

乙政　潤著　　入門ドイツ語学研究　　Ａ５判　200頁
乙政　潤
ヴォルデリング著　　ドイツ語ことわざ用法辞典　　Ｂ６判　376頁
浜崎長寿
乙政　潤編　　日独語対照研究　　Ａ５判　248頁
野入逸彦

― 目 録 進 呈 ―